TU NUEVA IDENTIDAD

TU NUEVA IDENTIDAD

la nueva criatura en Cristo

Laura McCluskey

sil Success In Life Publishing

Dedicado a mi esposo, Daniel McCluskey, un amante de Jesucristo y Su Palabra. Y el hombre que el Señor utilizó para enseñarme y guiarme a caminar en mi nueva identidad en Cristo. Gracias por tu amor.

CONTENIDO

1. EL DESEO DEL PADRE, UNA FAMILIA   11

INTRODUCCIÓN   11
UNA NUEVA CRIATURA   12
UN SER TRINO   13
CREADO A LA IMAGEN DE DIOS   13
EL ESTADO ORIGINAL   14
LAS MALAS NOTICIAS   15
CONSECUENCIAS DEL PECADO   16
MUERTE ESPIRITUAL   17
SE BUSCA UN INTERMEDIARIO   17
LAS BUENAS NOTICIAS - JESÚS EL CANDIDATO PERFECTO   18
LA NATURALEZA DE AMOR   18
PREGUNTAS DE REPASO   20

2. JESÚS EL CAMINO AL PADRE   21

EL PLAN   21
EL PACTO DE SANGRE   21
DIOS ES JUSTO   22
LA DEMANDA   23
EL CORDERO DE DIOS   23
EL CREADOR Y SU PREEXISTENCIA   24
LA PALABRA SE HIZO CARNE   24
JESUCRISTO HOMBRE   25
LLEVÓ NUESTROS PECADOS   26
LOS TRES DÍAS   27
VIVIFICADO EN ESPÍRITU   28
RESUCITADO   29
PREGUNTAS DE REPASO   31

3. REDIMIDOS EN ÉL   33

REDENCIÓN   33
VIDA ETERNA   34
UN MISMO ESPÍRITU   35
JUSTICIA   36
LIBRE DEL PECADO   38
DOMINO SOBRE SATANÁS   40

LIBRE DE LA MALDICIÓN 41
SALVACIÓN 43
PREGUNTAS DE REPASO 45

4. CONOCIENDO AL PADRE 47

EL PUNTO DE PARTIDA 47
NUESTRA IMAGEN DEL PADRE 48
LA VERDADERA IMAGEN 49
LLAMADO A SER UN HIJO 52
TU COMUNIÓN CON EL PADRE 53
CUANDO LA COMUNIÓN SE ROMPE 55
RELACIÓN DE PARENTESCO Y COMUNIÓN 56
RESTAURANDO LA COMUNIÓN 56
PREGUNTAS DE REPASO 59

5. SIENDO TRANSFORMADOS 61

DEL PENSAMIENTO A LA ACCIÓN 61
CONFORMADOS A ESTE SIGLO 62
TRANSFORMADO 62
LA VOLUNTAD DEL PADRE 64
RENOVANDO LA MENTE 64
LA BATALLA EN LA MENTE 65
CONTROLANDO LOS PENSAMIENTOS 66
ARMAS PODEROSAS EN DIOS 68
UN SACRIFICIO VIVO 71
VESTÍOS DEL NUEVO HOMBRE 72
PREGUNTAS DE REPASO 74

6. NUESTRA HERENCIA COMO HIJOS 75

JESUCRISTO, EL HEREDERO DE TODO 75
DISFRUTANDO DE NUESTRA HERENCIA AQUÍ Y AHORA 76
EQUIPADOS PARA POSEER 78
LA TIERRA PROMETIDA 81
EL PUEBLO DE DIOS 89
PREGUNTAS DE REPASO 90

7. LA FAMILIA DE LA FE 91

EL MINISTERIO DE JESÚS EN LA TIERRA 91
JESÚS Y LA IGLESIA 92
EL CUERPO DE CRISTO 93
TU POSICIÓN EN EL CUERPO 94
EL LLAMADO DE DIOS EN TU VIDA 95
MAYORES OBRAS 96

LA IMPORTANCIA DE LA IGLESIA   97
UN PASTOR –EL DON DE JESÚS PARA TI   98
TU FUNCIÓN EN LA IGLESIA LOCAL   99
CONCLUSIÓN   101
PREGUNTAS DE REPASO   102

EN ESTO PENSAD. . .   **103**

LO QUE DICE LA PALABRA DE DIOS ACERCA DE. . .   103

1 EL DESEO DEL PADRE, UNA FAMILIA

INTRODUCCIÓN

Cuando un bebé nace en una familia, la mayoría de los padres experimentan el gozo y la emoción de la naturaleza paternal. Parte de esta naturaleza paternal incluye el deseo y la necesidad de impartir al nuevo ser, tres elementos principales en el orden correspondiente. Amor incondicional, este es el primer elemento manifestado al proveer seguridad y provisión. Después viene la identificación de los miembros de la familia y la posición de cada uno de ellos. Posteriormente, se presenta la especificación de características y cualidades que definen a este nuevo ser como alguien único y especial. Toda esta información básica es lo que constituirá la identidad de este nuevo individuo.

Mirad cuál amor nos ha dado el Padre, para que seamos llamados hijos de Dios... (1 Juan 3:1)

Tú has nacido de nuevo en la familia de Dios, eres Su hijo, y como un nuevo ser en Cristo, es importante que construyas tu nueva identidad basado en el mismo principio de la naturaleza paternal. Este estudio está diseñado para ayudarte a conocer tu nueva identidad en Cristo al conocer quién es tu Padre celestial y Su amor incondicional hacia ti; el propósito de tu vida y todo lo que Él preparó para ti; así como tu posición, derechos y privilegios en esta gran familia, la familia de Dios.

Una vez que recibas la revelación de tu nueva identidad en Cristo, podrás ser libre de sentimientos de condenación, culpabilidad, inferioridad, incapacidad, insuficiencia, y de todas las demás ataduras que te han impedido desarrollarte en la persona que Dios predestinó que fueras.

UNA NUEVA CRIATURA

Comencemos con 2 de Corintios 5:16 y 17:

De manera que nosotros de aquí en adelante a nadie conocemos según la carne; y aun si a Cristo conocimos según la carne, ya no lo conocemos así. De modo que si alguno está en Cristo, nueva criatura es; las cosas viejas pasaron; he aquí todas son hechas nuevas. (2 Corintios 5:16,17)

En los versículos anteriores, podemos reconocer que Dios no sólo desea que conozcas que eres un nuevo ser o una nueva criatura. Él además desea que lo que hasta ahora conoces acerca de ti mismo y de Él, se quede en el pasado, sin considerarlo de aquí en adelante.

Por ejemplo, quizá tú te consideres –o te conoces a ti mismo– como una persona muy tímida, o temerosa, o enojona, etc. Pero la persona que *"eres"*, es sólo el resultado de tu vida natural, tal como tu educación y la influencia que has recibido durante toda tu vida de acuerdo a tus alrededores. Al recibir y aplicar la Palabra de Dios en tu vida, descubrirás que esa personalidad que hasta ahora has conocido en ti, no es necesariamente tu verdadera personalidad y puede cambiar. Como hijo de Dios, ahora tú vives con una vida espiritual. !Una vida sin barreras ni limitaciones, una vida llena de libertad y de poder!

Una nueva criatura significa una nueva creación, una nueva especie, alguien que nunca ha existido, por lo tanto, alguien que no tiene pasado.

¿Cómo sucede esto? Seguramente te has visto en un espejo después de haber recibido a Jesucristo en tu corazón y notes que *"eres el mismo"*. En realidad no lo eres. Pero para entender dónde está esa nueva criatura que no puedes ver, debes primero entender cómo fuimos creados. Y eso es lo que estudiaremos en seguida.

UN SER TRINO

La humanidad fue creada a la imagen y semejanza de Dios.

Entonces dijo Dios: Hagamos al hombre a nuestra imagen, conforme a nuestra semejanza; y señoree en los peces del mar, en las aves de los cielos, en las bestias, en toda la tierra, y en todo animal que se arrastra sobre la tierra. (Génesis 1:26)

Dios es un Dios Trino. Él es un solo Dios, manifestado en tres distintas personalidades, Dios el Padre, Dios el Hijo y Dios el Espíritu Santo.

La Biblia nos enseña que fuimos formados a la imagen y semejanza de Dios, fuimos formados como un ser trino: espíritu, alma y cuerpo (1 Tesalonicenses 5:23).

- **Tú eres un espíritu**. Tu espíritu es la parte que puede relacionarse con Dios y el mundo espiritual.

- **Tú tienes un alma**. Tu alma consiste en tus emociones, tu voluntad y tu intelecto. Es la parte de ti que te ayuda a comunicarte y relacionarte en la vida.

- **Tú vives en un cuerpo**. Tu cuerpo es la casa donde vive tu espíritu.

Entender que tú eres un espíritu es la clave para tu éxito como cristiano. Pues te da la habilidad para recibir todos los beneficios y privilegios que Dios preparó para ti.

CREADO A LA IMAGEN DE DIOS

Dios tuvo un propósito y un plan cuando Él creó al hombre y a la mujer a Su propia imagen. ¿Cuál fue ese propósito?

Entonces dijo Dios: Hagamos al hombre a nuestra imagen, conforme a nuestra semejanza; y señoree en los peces del mar, en las aves de los cielos, en las bestias, en toda la tierra, y en todo animal que se arrastra sobre la tierra. Y creó Dios al hombre a su imagen, a imagen de Dios lo creó; varón y hembra los creó. Y los bendijo Dios, y les dijo: Fructificad y multiplicaos; llenad la tierra, y sojuzgadla, y señoread en los peces del mar, en las aves de los cielos, y en todas las bestias que se mueven sobre la tierra. (Génesis 1:26-28)

Dios creó la humanidad para que tuviera una íntima relación con Él, pero esta relación debía ser desarrollada de una manera voluntaria, por lo que Dios le dio al hombre y a la mujer una voluntad propia. Ellos tenían la habilidad de escoger a favor o en contra de Dios, escoger obedecer o desobedecer. Esta voluntad propia estaba representada en el árbol de vida y el árbol de la ciencia del bien y del mal.

Y Jehová Dios hizo nacer de la tierra todo árbol delicioso a la vista, y bueno para comer; también el árbol de vida en medio del huerto, y el árbol de la ciencia del bien y del mal. (Génesis 2:9)

Mas del árbol de la ciencia del bien y del mal no comerás; porque el día que de él comieres, ciertamente morirás. (Génesis 2:17)

Además de una libre voluntad, Dios creó al hombre y a la mujer de la siguiente manera.

EL ESTADO ORIGINAL

Entonces Jehová Dios formó al hombre del polvo de la tierra, y sopló en su nariz aliento de vida, y fue el hombre un ser viviente. (Génesis 2:7)

Adán y Eva fueron creados a la imagen de Dios, con el aliento de Dios. Ellos estaban vivos no sólo en la forma natural en la que tú y yo vivimos, ellos también estaban vivos espiritualmente.

En este estado original, Adán y Eva participaban de la humanidad en su perfecta condición, la cual incluía:

- Perfecta comunión con Dios. Con un espíritu vivo, ellos tenían la habilidad de tener comunión con Dios cara a cara. Y podían venir a Él sin temor, sin sentimientos de culpa, condenación o inferioridad.

- Completa salud física, poder y fuerza, con la habilidad de vivir para siempre.

- Completa salud mental. Las almas de Adán y Eva (intelecto, voluntad y emociones) estaban en perfecta armonía con Dios. Con la habilidad de crear e innovar.

- Completa autoridad y dominio sobre la tierra y todo lo que en ella habita.

- Completa percepción espiritual, con la habilidad de operar más allá de los cinco sentidos naturales.

- Coronados con la gloria de Dios. La gloria de Dios cubría todo su ser, por lo cual no tenían necesidad de vestido.

LAS MALAS NOTICIAS

La humanidad fue creada para tener íntima comunión con Dios, a través de una decisión libre y voluntaria. ¿En qué consistía esta decisión? Al participar del árbol de vida, el hombre pudo haber sido unido con Dios eternamente, al recibir en su espíritu humano la vida eterna y el privilegio de llegar a ser un hijo de Dios.

La mala noticia es que el hombre escogió ser independiente de Dios, decidió desobedecer y como resultado, el pecado entró al mundo. Esto causó la muerte espiritual en la humanidad.

Y vio la mujer que el árbol era bueno para comer, y que era agradable a los ojos, y árbol codiciable para alcanzar la sabiduría; y tomó de su fruto, y comió; y dio también a su marido, el cual comió así como ella. (Génesis 3:6)

Por tanto, como el pecado entró en el mundo por un hombre, y por el pecado la muerte, así la muerte pasó a todos los hombres, por cuanto todos pecaron. (Romanos 5:12)

CONSECUENCIAS DEL PECADO

Una vez que el pecado entró a la humanidad, empezamos a sufrir la naturaleza de muerte en lugar de la naturaleza de vida. La naturaleza de muerte incluye entre otras consecuencias:

- Temor. Llegamos a estar temerosos de Dios, sabiendo que no existe una relación correcta entre Él y el hombre –temiendo el castigo y el juicio.

  A través del temor, vienen sentimientos de culpabilidad, condenación, inferioridad y vergüenza.

- Esclavitud. En lugar de caminar en autoridad y dominio en esta tierra, ahora la humanidad está sujeta al pecado y a los frutos de la maldición en la tierra.

- Un nuevo padre. Debido al pecado, la perfecta comunión con Dios fue perdida, ahora la humanidad opera bajo la naturaleza de la muerte y como consecuencia del diablo.

MUERTE ESPIRITUAL

La naturaleza de muerte es completamente opuesta a la naturaleza de Dios, por lo que el participar de ella nos separa completamente de nuestro Creador. Esta separación es lo que la Biblia llama *muerte espiritual*.

Por cuanto todos pecaron, y están destituidos de la gloria de Dios. (Romanos 3:23)

Porque la paga del pecado es muerte... (Romanos 6:23)

El pecado en la humanidad es el resultado directo de esta nueva naturaleza, *"la naturaleza de muerte"*, conocida también como *"la naturaleza de pecado"* o *"la carne"*.

Y él os dio vida a vosotros, cuando estabais muertos en vuestros delitos y pecados, en los cuales anduvisteis en otro tiempo, siguiendo la corriente de este mundo, conforme al príncipe de la potestad del aire, el espíritu que ahora opera en los hijos de desobediencia, entre los cuales también todos nosotros vivimos en otro tiempo en los deseos de nuestra carne, haciendo la voluntad de la carne y de los pensamientos, y éramos por naturaleza hijos de ira, lo mismo que los demás. (Efesios 2:1-3)

SE BUSCA UN INTERMEDIARIO

En este estado de pecado, la humanidad necesitaba una manera, un camino, un puente para ser reconciliado con Dios otra vez. Es así como la religión y la filosofía fueron creadas, como una manera de acercarse a Dios. Sin embargo el mayor esfuerzo que el hombre realice para estar cerca de Dios, no es suficiente para alcanzar Su presencia, puesto que si este medio proviene del hombre, entonces proviene de la naturaleza de pecado y por lo tanto no puede lograr la comunión con Dios que es Santo y Justo.

Por otro lado, Dios en Su estado divino, estaba limitado a acercarse directamente al hombre, ya que debido a Su santidad, es imposible que Él tenga comunión con el pecado o con un pecador.

La respuesta para restaurar el estado original de comunión entre Dios y el hombre, era alguien que por medio de su humanidad pudiera identificarse con el hombre, contando también con una naturaleza libre de pecado, para poder tener comunión con Dios.

Jesús le dijo: Yo soy el camino, y la verdad, y la vida; nadie viene al Padre, sino por mí. (Juan 14:6)

LAS BUENAS NOTICIAS - JESÚS EL CANDIDATO PERFECTO

Dios el Hijo fue el único calificado para suplir las condiciones requeridas. Él vino a la tierra en condición de hombre y vivió de una manera perfecta delante de Dios, siendo el sacrificio perfecto para restaurar lo que se había perdido.

Jesús vino al mundo para ser el intermediario entre Dios y el hombre. Esto fue posible ya que Él tenía una naturaleza humana (la misma que Adán tenía en el principio) libre de pecado, que le permitía tener comunión con el Padre.

LA NATURALEZA DE AMOR

La naturaleza de amor es dar. En una muestra de amor, Jesucristo decidió entregarse a Sí mismo en propiciación por el pecado (1 Juan 4:10). ¡Qué maravillosa demostración de amor!

Por eso me ama el Padre, porque yo pongo mi vida, para volverla a tomar. Nadie me la quita, sino que yo de mí mismo la pongo. Tengo poder para ponerla, y tengo poder para volverla a tomar. Este mandamiento recibí de mi Padre. (Juan 10:17,18)

Esta decisión fue hecha mucho antes que el problema existiera. El sacrificio de Jesús fue un sacrificio voluntario, nadie le quitó Su vida, Él la entregó con gozo, con la fe de recuperarte de regreso a la familia de Dios (Hebreos 12:2).

Sabiendo que fuisteis rescatados de vuestra vana manera de vivir, la cual recibisteis de vuestros padres, no con cosas corruptibles, como oro o plata, sino con la sangre preciosa de Cristo, como de un cordero sin mancha y sin contaminación, ya destinado desde antes de la fundación del mundo, pero manifestado en los postreros tiempos por amor de vosotros. (1 Pedro 1:18-20)

Este acto de amor para restaurar la condición del hombre no sólo consistió en la obra de Jesús, Dios el Hijo. La Biblia nos muestra en Juan 3:16 que Dios el Padre en Su amor por la humanidad, decidió entregar a Su único Hijo. Además, en este plan, el Espíritu Santo estuvo dispuesto a habitar en medio de nosotros para siempre. ¡Esto es amor!

PREGUNTAS DE REPASO

¿Qué versículo trata de la Nueva Criatura y qué dice?

¿Con qué propósito creó Dios a la humanidad?

¿De qué forma fue creado el hombre? Describe las tres partes.

Después que Adán y Eva pecaron, ¿Cuáles fueron las consecuencias del pecado?

¿Por qué necesitamos un intermediario?

2 JESÚS EL CAMINO AL PADRE

Porque hay un solo Dios, y un solo mediador entre Dios y los hombres, Jesucristo hombre. (1 Timoteo 2:5)

Jesucristo, la segunda persona de la Trinidad es el único que pudo cambiar tu naturaleza de pecado a una naturaleza de vida en el momento en que lo recibiste como Salvador y lo coronaste como tu Señor. Veamos cómo sucedió esto.

EL PLAN

En el capítulo anterior estudiamos cómo el hombre fue formado para tener dominio y autoridad en la tierra. Desafortunadamente, en un acto voluntario, él decidió transferir este derecho legal al diablo, cometiendo así un acto de traición, una transgresión a Dios.

Y Adán no fue engañado, sino que la mujer, siendo engañada, incurrió en transgresión. (1 Timoteo 2:14)

Debido a esto, ahora la humanidad se encuentra bajo el dominio del diablo. Este dominio es un dominio legal, y Dios no lo romperá hasta que el tiempo que Él estableció para la humanidad en la tierra termine. Pero mientras tanto, Dios diseñó un plan para redimir al hombre del poder y la culpa de su propia transgresión.

EL PACTO DE SANGRE

En quien tenemos redención por su sangre, el perdón de pecados según las riquezas de su gracia. (Efesios 1:7)

Dentro del plan de redención, Dios estableció desde el principio, antes de la venida de Jesús a la tierra, lo que se conoce como el Pacto de Sangre, en el cual, cada hombre que participaba de él, entraba en la promesa de perfecta redención de todos sus pecados. ¡Qué grande es la misericordia de Dios!

Y casi todo es purificado, según la ley, con sangre; y sin derramamiento de sangre no se hace remisión. (Hebreos 9:22)

Este fue un pacto perpetuo entre Dios mismo y la humanidad, prometiendo que en el derramamiento de la sangre de un animal inocente, Él eventualmente daría un perfecto Redentor para el perdón de pecados, al derramar la sangre de Su propio Hijo.

¿Pero por qué fue necesario el sacrificio de Su Hijo?

DIOS ES JUSTO

Él es la Roca, cuya obra es perfecta, Porque todos sus caminos son rectitud; Dios de verdad, y sin ninguna iniquidad en él; Es justo y recto. (Deuteronomio 32:4)

Justo eres tú, oh Jehová, Y rectos tus juicios. (Salmo 119:137)

De no ser Dios Justo, Él hubiera castigado al hombre y despojado a Satanás en el mismo momento en que el pecado entró al mundo. Él es Todopoderoso, pero en Su justicia, Él no toma ventaja del débil, incluyendo a Satanás.

Así que, para proveer redención a la humanidad, Él mostró Su gracia y Su amor al hombre, basado en una justicia perfecta.

LA DEMANDA

La Justicia demandó al hombre el pagar la penalidad de su crimen. Pero en esta demanda, el hombre fue incapaz de pagar aun los intereses. La paga de su transgresión es la muerte espiritual y el infierno.

Porque la paga del pecado es muerte... (Romanos 6:23)

El hombre es incapaz de redimirse de esta culpa aun con su propia muerte. Y en este estado, está condenado a vivir eternamente separado de su Creador.

Porque la paga del pecado es muerte, mas la dádiva de Dios es vida eterna en Cristo Jesús Señor nuestro. (Romanos 6:23)

La redención basada en justicia establece que la humanidad debe ser liberada por medio de un humano que pueda pagar la condena. Pero todo hombre engendrado naturalmente está bajo la naturaleza del pecado. Por lo que en un acto de amor, Dios ofreció a Su Hijo por medio de la encarnación, y así, Jesucristo llegó a ser el Cordero de Dios que quita el pecado del mundo.

He aquí el Cordero de Dios, que quita el pecado del mundo. (Juan 1:29)

EL CORDERO DE DIOS

E indiscutiblemente, grande es el misterio de la piedad: Dios fue manifestado en carne, Justificado en el Espíritu, Visto de los ángeles, Predicado a los gentiles, Creído en el mundo, Recibido arriba en gloria. (1 Timoteo 3:16)

El Hijo ha existido desde siempre con la misma gloria de Dios; es el Creador del Universo y quien lo sustenta con Su poder.

Quien vino a la tierra tomando forma de hombre y una vez habiendo obtenido nuestra redención por medio de Su obra en la cruz, resucitó y ascendió de regreso al cielo, donde se encuentra ahora sentado a la diestra de Dios. ¡Qué poderosa revelación! Ahora pues, tomémonos tiempo para estudiar cada una de estas verdades.

EL CREADOR Y SU PREEXISTENCIA

Veamos algunas escrituras que muestran la preexistencia de Jesucristo:

En el principio era el Verbo, y el Verbo era con Dios, y el Verbo era Dios. Este era en el principio con Dios. Todas las cosas por él fueron hechas, y sin él nada de lo que ha sido hecho, fue hecho. (Juan 1:1-3)

Ahora pues, Padre, glorifícame tú al lado tuyo, con aquella gloria que tuve contigo antes que el mundo fuese. (Juan 17:5)

El cual, siendo el resplandor de su gloria, y la imagen misma de su sustancia, y quien sustenta todas las cosas con la palabra de su poder, habiendo efectuado la purificación de nuestros pecados por medio de sí mismo, se sentó a la diestra de la Majestad en las alturas. (Hebreos 1:3)

LA PALABRA SE HIZO CARNE

Y aquel Verbo fue hecho carne, y habitó entre nosotros (y vimos su gloria, gloria como del unigénito del Padre), lleno de gracia y de verdad. (Juan 1:14)

Jesucristo, la Palabra de Dios, se hizo carne, lo cual significó que en un individuo, la Divinidad llegó a estar unida con la humanidad. Siendo ésta la única solución para resolver el problema que la naturaleza de muerte trajo al hombre.

De cierto, de cierto os digo: El que no entra por la puerta en el redil de las ovejas, sino que sube por otra parte, ése es ladrón y salteador. Mas el que entra por la puerta, el pastor de las ovejas es. (Juan 10:1,2)

La puerta a la que se refiere Jesús fue Su nacimiento humano, Jesús nació de una virgen, siendo concebido por el Espíritu Santo (Lucas 1:26-35).

Porque un niño nos es nacido, hijo nos es dado, y el principado sobre su hombro; y se llamará su nombre Admirable, Consejero, Dios Fuerte, Padre Eterno, Príncipe de Paz. (Isaías 9:6)

JESUCRISTO HOMBRE

El cual, siendo en forma de Dios, no estimó el ser igual a Dios como cosa a que aferrarse, sino que se despojó a sí mismo, tomando forma de siervo, hecho semejante a los hombres; y estando en la condición de hombre, se humilló a sí mismo, haciéndose obediente hasta la muerte, y muerte de cruz. (Filipenses 2:5-8)

Por lo cual, entrando en el mundo dice: Sacrificio y ofrenda no quisiste; Mas me preparaste cuerpo. (Hebreos 10:5)

Jesús, despojándose de Su deidad, vino a la tierra con la misma humanidad con la que Adán había sido formado (1 Corintios 15:45). Al igual que Adán en el principio, Jesús participaba de una naturaleza libre de pecado, y así como Adán, Él fue tentado a pecar, pero con la diferencia de que Él venció sobre la tentación y el pecado (Hebreos 4:15).

El nombre de Jesús representa la humanidad del Hijo, y por medio de esta humanidad, Él no sólo pudo simpatizar con el hombre a través de un cuerpo de carne y sangre, sino que también pudo satisfacer la demanda de la Justicia para la redención. Veamos cómo Jesús obtuvo nuestra redención.

LLEVÓ NUESTROS PECADOS

Todos nosotros nos descarriamos como ovejas, cada cual se apartó por su camino; mas Jehová cargó en él el pecado de todos nosotros. (Isaías 53:6)

Cuando leemos la historia de la crucifixión de Jesús en los evangelios, somos conmovidos por la crueldad, el maltrato, la humillación, y el dolor que nuestro Señor sufrió injustamente. Nos entristece ver la traición que lo llevó a ser entregado, así como el abandono y la soledad que sufrió de parte de los suyos.

Pero esto no fue sino el comienzo de Su sacrificio. Veamos detrás de la escena de la cruz, cómo Jesús pagó por nuestros pecados. La Biblia nos muestra que ahí, Dios trató con Él siendo nuestro Sustituto. Dios no sólo trató con Su cuerpo, sino también con Su alma y Su espíritu.

Mas él herido fue por nuestras rebeliones, molido por nuestros pecados... (Isaías 53:5)

Jesús que sólo hizo la voluntad del Padre, que no conoció pecado, ahora es hecho pecado. Dios puso en Él nuestra naturaleza de pecado. Sí, Dios tomó tu pecado y el mío, el pecado de toda la humanidad y lo puso sobre Él.

Ciertamente llevó él nuestras enfermedades, y sufrió nuestros dolores; y nosotros le tuvimos por azotado, por herido de Dios y abatido. (Isaías 53:4)

Una vez que nuestro pecado fue puesto en Jesús, Él llegó a ser pecado, por lo que el Padre tuvo que voltear Su rostro de Él, dándole la espalda. Y fue ahí cuando por primera vez Jesús experimentó la separación del Padre y la muerte espiritual. Él fue herido no sólo por el hombre, sino que Él fue herido por Dios mismo.

Cerca de la hora novena, Jesús clamó a gran voz, diciendo: Elí, Elí, ¿lama sabactani? Esto es: Dios mío, Dios mío, ¿por qué me has desamparado? (Mateo 27:46)

En la cruz, Jesús murió espiritualmente cuando la naturaleza de pecado fue puesta sobre Su espíritu, y una vez que esto sucedió, entonces Él murió físicamente (Mateo 27:50).

Pero Su muerte física no era suficiente para obtener nuestra redención, Él debía pagar la condena de la muerte espiritual. ¿Dónde se paga esa condena?

LOS TRES DÍAS

Porque como estuvo Jonás en el vientre del gran pez tres días y tres noches, así estará el Hijo del Hombre en el corazón de la tierra tres días y tres noches. (Mateo 12:40)

Cuando Jesús exclamó en la cruz *"Consumado es"* (Juan 19:30), Él se refería al cumplimiento de la Ley. Como humano, Él pudo cumplir las demandas de la ley Mosaica en una manera perfecta (Romanos 8:3,4). Pero ahí, Él sólo cumplió parte de la deuda, la parte natural. En el *Hades* (palabra griega para infierno), Jesús pagó la condena de la muerte espiritual.

Porque no dejarás mi alma en el Hades, Ni permitirás que tu Santo vea corrupción. (Hechos 2:27)

En el Salmo 88 vemos una imagen profética de Jesús en el *Seol* (palabra hebrea para infierno), literalmente pagando por nuestros pecados, recibiendo el castigo en nuestro lugar.

Porque mi alma está hastiada de males, Y mi vida cercana al Seol. Soy contado entre los que descienden al sepulcro; Soy como hombre sin fuerza, Abandonado entre los muertos, Como los pasados a espada que yacen en el sepulcro, De quienes no te acuerdas ya, Y que fueron arrebatados de tu mano. Me has puesto en el hoyo profundo, En tinieblas, en lugares profundos. Sobre mí reposa tu ira, Y me has afligido con todas tus ondas. (Salmo 88:3-7)

En estos versículos podemos ver cuánto amó Dios al hombre, que entregó a Su propio Hijo a las profundidades de las tinieblas en nuestro lugar. En los versículos 11 y 12 de este mismo Salmo, vemos que al hacer esto, Dios proclamó así Su misericordia, Su verdad, Sus maravillas y Su justicia para siempre.

VIVIFICADO EN ESPÍRITU

Porque también Cristo padeció una sola vez por los pecados, el justo por los injustos, para llevarnos a Dios, siendo a la verdad muerto en la carne, pero vivificado en espíritu. (1 Pedro 3:18)

Una vez que Jesús cumplió la demanda de la Justicia, al llevar en sí la muerte espiritual, Él fue vivificado. Jesús fue restaurado con la completa naturaleza del Padre, recibiendo en Su espíritu la vida eterna.

Ser vivificado en el espíritu significa que el espíritu de Jesús que estaba vivo al principio, sufrió la muerte en la cruz (separación de Dios), y después de ser juzgado y condenado, Él fue justificado legalmente en Su espíritu (1 Timoteo 3:16).

Cuando Jesucristo fue vivificado, Él nació del Espíritu, llegando a ser el primogénito de los muertos.

Y él es la cabeza del cuerpo que es la iglesia, él que es el principio, el primogénito de entre los muertos, para que en todo tenga la preeminencia. (Colosenses 1:18)

RESUCITADO

No temas; yo soy el primero y el último; y el que vivo, y estuve muerto; mas he aquí que vivo por los siglos de los siglos, amén. Y tengo las llaves de la muerte y del Hades. (Apocalipsis 1:17,18)

Jesucristo, con la vida de Dios en Él, se levantó de los muertos Vencedor, no sólo al pagar el precio por nuestra redención, sino también al despojar al diablo de la autoridad que una vez le perteneció a Adán.

Ahora toda autoridad y dominio le pertenecen legalmente. ¡Él es el Señor!

Y Jesús se acercó y les habló diciendo: Toda potestad me es dada en el cielo y en la tierra. (Mateo 28:18)

Él ha vencido no sólo al poder del pecado, sino a la misma naturaleza de pecado, a la muerte misma (1 Corintios 15:55).

De la mano del Seol los redimiré, los libraré de la muerte. Oh muerte, yo seré tu muerte; y seré tu destrucción, oh Seol; la compasión será escondida de mi vista. (Oseas 13:14)

Ahora la redención y la vida eterna están disponibles gratuitamente para todo aquel que confiesa a Jesucristo como Señor. Él es el único camino al Padre.

Al recibir a Jesucristo como nuestro Señor, somos libres de condenación y juicio. ¡Nuestro Redentor nos ha reconciliado con el Padre! Ahora podemos entrar a la presencia santa de Dios sin temor.

Y no por sangre de machos cabríos ni de becerros, sino por su propia sangre, entró una vez para siempre en el Lugar Santísimo, habiendo obtenido eterna redención. (Hebreos 9:12)

Y a vosotros, estando muertos en pecados y en la incircuncisión de vuestra carne, os dio vida juntamente con él, perdonándoos todos los pecados. (Colosenses 2:13)

Jesucristo obtuvo nuestra eterna redención; por medio de Él recibimos no sólo el perdón de pecados, sino una nueva naturaleza, la naturaleza de vida, la vida eterna de Dios mismo. ¡Gracias a Dios por Jesucristo!

PREGUNTAS DE REPASO

¿Cuántos intermediarios hay entre Dios y los hombres de acuerdo a 1 Timoteo 2:5?

¿Qué significa el Pacto de Sangre?

¿Cuál es la paga del pecado y dónde se paga?

¿Por qué Jesús fue el único Intermediario entre Dios y el hombre?

Describe la obra de redención que Jesús hizo por la humanidad.

3 REDIMIDOS EN ÉL

En quien tenemos redención por su sangre, el perdón de pecados según las riquezas de su gracia. (Efesios 1:7)

El propósito de la redención del hombre, es el mismo propósito con el cual él fue creado –para tener comunión con el Padre. A través del nuevo nacimiento, la comunión entre Dios y el hombre es restaurada.

El plan de redención es la manera en que Dios legalmente liberó al hombre de la naturaleza de muerte, y despojó a Satanás de su domino sobre él.

REDENCIÓN

Quizá por el momento tengas una idea de lo que significa redención, pero el tener una idea al respecto no es suficiente. De hecho, la Biblia nos muestra que cuando tú escuchas la Palabra y no la entiendes, te pierdes de recibir los beneficios de ella (Mateo 13:19).

Tristemente, hay muchos cristianos en la actualidad, que no tienen un completo entendimiento de lo que es la redención. Para algunos es algo que tratan de obtener por sus propias obras, para otros es simplemente la entrada al cielo. Y por falta de revelación de todo lo que la redención provee para el creyente, muchos cristianos viven una vida de derrota y sobrevivencia, en lugar de experimentar la vida en abundancia que Jesucristo vino a darnos, la cual incluye autoridad, dominio y prosperidad en cada área de nuestra vida.

Veamos algunos de los significados de la palabra *redención*:

- Comprar, la compra de un esclavo con el propósito de hacerlo libre

- Liberar al pagar el precio de su rescate
- Poner en libertad
- Liberar de la deuda, opresión, tortura, pecado
- Perdonar

Antes del nuevo nacimiento, la Palabra nos identificaba con Adán, quien llegó a ser esclavo de Satanás, del pecado y de la muerte. Experimentamos culpabilidad, vergüenza, temor del juicio de Dios y opresión. Éramos esclavos, anhelando libertad, en nuestro espíritu, alma y cuerpo.

Al recibir la revelación de lo que la redención nos provee por medio de Cristo, ahora debemos ser identificados con Él, viviendo libremente a través de nuestra nueva naturaleza. Nuestro pasado ya no existe. Podemos venir con toda confianza delante del Padre para amarlo y recibir Su amor, libres de condenación y remordimientos. ¡Hemos sido redimidos!

VIDA ETERNA

El nuevo nacimiento no consiste en la conversión de nuevas ideas o creencias, a diferencia de las religiones del mundo. El nacer de nuevo es una experiencia real y sobrenatural.

Y esta es la vida eterna: que te conozcan a ti, el único Dios verdadero, y a Jesucristo, a quien has enviado. (Juan 17:3)

En el momento en que naciste de nuevo, al creer y confesar a Jesucristo como tu Señor y Salvador, tu espíritu fue vivificado. Ahora eres un ser espiritual vivo delante del Padre.

En los capítulos anteriores hemos estudiado que la Biblia establece a todo humano como un ser espiritual, el cual está vivo espiritualmente —a través de la fe en Jesucristo (Juan 20:31), o muerto espiritualmente —separado de la presencia de Dios (Romanos 3:23).

De cierto, de cierto os digo: El que oye mi palabra, y cree al que me envió, tiene vida eterna; y no vendrá a condenación, mas ha pasado de muerte a vida. (Juan 5:24)

¡A través del nuevo nacimiento has pasado de muerte a vida! La vida eterna que Jesucristo recibió al resucitar te ha dado vida en Él.

- *Zoe*, es la palabra griega traducida *vida*, y es utilizada cuando se refiere a la vida espiritual que viene de Dios. Esta es la calidad de vida de Dios –la misma vida de Dios.

¡Y es la misma vida de Dios la que has recibido en tu espíritu! Al recibir la vida de Dios, no sólo fuiste perdonado de tus pecados, sino que tu naturaleza misma cambió, ahora tienes la vida eterna de Dios en ti, y por lo tanto has sido redimido de la condenación y del juicio.

Porque de tal manera amó Dios al mundo, que ha dado a su Hijo unigénito, para que todo aquel que en él cree, no se pierda, mas tenga vida eterna. Porque no envió Dios a su Hijo al mundo para condenar al mundo, sino para que el mundo sea salvo por él. El que en él cree, no es condenado… (Juan 3:16-18)

UN MISMO ESPÍRITU

Por medio de la redención, hemos llegado a ser uno con Él. Así como por medio de Adán llegamos a ser participantes de la naturaleza de muerte, ahora, por medio de Cristo, somos participantes de la naturaleza de vida.

Porque así como en Adán todos mueren, también en Cristo todos serán vivificados. (1 Corintios 15:22)

Al recibir la vida de Dios, llegamos a ser participantes de Su misma naturaleza.

Por medio de las cuales nos ha dado preciosas y grandísimas promesas, para que por ellas llegaseis a ser participantes de la naturaleza divina... (2 Pedro 1:4a)

Qué maravilloso es saber que el mismo Espíritu de Dios, no sólo mora en nuestro espíritu, sino que ha llegado a ser uno con él.

Para que todos sean uno; como tú, oh Padre, en mí, y yo en ti, que también ellos sean uno en nosotros; para que el mundo crea que tú me enviaste. Yo en ellos, y tú en mí, para que sean perfectos en unidad, para que el mundo conozca que tú me enviaste, y que los has amado a ellos como también a mí me has amado. (Juan 17:21,23)

El deseo del Padre ha sido hecho realidad en Jesucristo. Por medio de Él, podemos estar en completa unidad con el Padre, siendo amados por Él con el mismo amor con el que amó a Jesús. Somos hijos de Dios.

JUSTICIA

Siendo justificados gratuitamente por su gracia, mediante la redención que es en Cristo Jesús. (Romanos 3:24)

La justicia es el fundamento de la gracia y el amor de Dios. La Palabra nos muestra que el Padre ha amado al hombre con amor eterno (Jeremías 31:3). Pero a pesar de Su amor, Él no pudo perdonar y pasar por alto los pecados del hombre, hasta que éste pudiera ser justo delante de Él. Pues a menos que el hombre sea justificado, no puede tener comunión con Dios en términos iguales, y por lo tanto, no puede recibir Su amor.

La redención provee justificación, esta justificación transforma a un pecador en un justo.

El cual fue entregado por nuestras transgresiones, y resucitado para nuestra justificación. (Romanos 4:25)

Cuando Jesucristo resucitó, fuimos declarados justos legalmente delante de Dios. Y siendo justos, podemos entonces tener una perfecta comunión con el Padre.

Al recibir la naturaleza de Dios, recibimos Su justicia, llegando a ser tan justos como Él es.

- *Justicia*, la habilidad de pararse en la presencia de Dios sin la sensación de pecado, culpa, o inferioridad.

Al que no conoció pecado, por nosotros lo hizo pecado, para que nosotros fuésemos hechos justicia de Dios en él. (2 Corintios 5:21)

En Cristo, somos hechos la justicia de Dios. Él se hizo pecado por nosotros, para que nosotros pudiéramos ser hechos Su justicia.

Quien llevó él mismo nuestros pecados en su cuerpo sobre el madero, para que nosotros, estando muertos a los pecados, vivamos a la justicia; y por cuya herida fuisteis sanados. (1 Pedro 2:24)

La justicia que hemos recibido, no es sólo para poder entrar al cielo; debemos ahora vivir en ella, disfrutando de los beneficios y la libertad que nos proporciona.

Quizá estés pensando, ¿Cómo es esto posible, yo estoy consciente de que soy un pecador?

Si has nacido de nuevo, entonces, tú fuiste un pecador. Ahora eres la justicia de Dios en Cristo, ahora debes ser consciente de ello.

Tu justicia no se basa en tus propias obras. Sabe que la justicia, así como la gracia, es un don de Dios. En otras palabras, es algo que has recibido gratuitamente por medio de la redención.

Pues si por la transgresión de uno solo reinó la muerte, mucho más reinarán en vida por uno solo, Jesucristo, los que reciben la abundancia de la gracia y del don de la justicia. (Romanos 5:17)

Dios hizo Su parte al redimirte, tu parte ahora es creer y confesar lo que el Padre dice acerca de ti en Su Palabra. Y Él dice que has sido justificado, que eres heredero de la vida eterna y participante de Su naturaleza.

LIBRE DEL PECADO

Porque la ley del Espíritu de vida en Cristo Jesús me ha librado de la ley del pecado y de la muerte. (Romanos 8:2)

La redención te ha librado de la esclavitud del pecado. En Cristo, ya no vivimos bajo la ley del pecado y de la muerte. Nuestra naturaleza ha cambiado, ahora participamos de la naturaleza pura y santa de Dios, participamos de Su justicia.

¿Cómo es que la redención nos hace libres del pecado? Primero que nada, debes recordar que el problema que Dios solucionó por medio de la redención, no fueron las acciones de pecado que el hombre ha cometido, sino la *naturaleza* que produce estas acciones, la naturaleza de muerte, cuyo fruto es el pecado.

Por lo tanto, para librar al hombre de estos *actos* pecaminosos, se necesitó un cambio de *naturaleza*.

La religión nos ha dicho que para dejar de cometer pecados, necesitamos leyes o reglas morales. Pero éstas no tienen el poder de cambiar la naturaleza del hombre. Sólo el nuevo nacimiento nos libera de la esclavitud del pecado.

Cuando una persona no ha nacido de nuevo, esta persona no sólo es un pecador, sino que es en sí mismo pecado. Su naturaleza es de pecado, y sin importar sus esfuerzos, no dejará de pecar hasta que sea librado de esa naturaleza.

Como una nueva criatura, en unidad con el Espíritu de Dios, tú ya no tienes la naturaleza de muerte, lo cual significa que ya no estás bajo la esclavitud del pecado, tu naturaleza no puede producir pecado.

Todo aquel que es nacido de Dios, no *practica* el pecado, porque la simiente de Dios permanece en él; y no puede pecar, porque es nacido de Dios. (1 Juan 3:9)

La Palabra nos muestra que ya que hemos nacido del espíritu, y nuestro espíritu está en completa unidad con el Espíritu del Padre, entonces nuestro espíritu —o nuestra verdadera persona, no puede pecar. Es imposible, ya que Dios es Santo y Él no tiene nada que ver con el pecado.

Volvamos a leer el versículo anterior con el entendimiento de la naturaleza de vida. Manteniendo en mente, también, que la palabra *"practicar"* en este versículo es la palabra griega *"poieo"*, que se traduce al español como, *practicar, hacer,* o *cometer;* pero cuyo significado original es *"producir por medio de la naturaleza, producir del interior, o crear".*

Todo aquel que es nacido de Dios, no *practica* [no produce por medio de su naturaleza] el pecado, porque la simiente de Dios permanece en él; y no puede pecar, porque es nacido de Dios. (1 Juan 3:9)

Veamos otro ejemplo donde ésta misma palabra griega *"poieo"* es utilizada y traducida como *"hacer"*:

Jesús les respondió: De cierto, de cierto os digo, que todo aquel que *hace* [produce por medio de su naturaleza] pecado, esclavo es del pecado. (Juan 8:34)

Estos versículos, entre otros más, nos permiten entender, que cuando una persona es nacida de nuevo, ya no peca a través de su naturaleza.

Pero si una persona peca debido a su naturaleza, entonces es esclava del pecado y por lo tanto no ha nacido de Dios.

Y libertados del pecado, vinisteis a ser siervos de la justicia. (Romanos 6:18)

Por medio de la redención en Cristo, la naturaleza de pecado ya no tiene autoridad sobre nosotros, hemos sido liberados.

Porque el pecado no se enseñoreará de vosotros; pues no estáis bajo la ley, sino bajo la gracia. (Romanos 6:14)

Sin embargo, siendo libres, podemos voluntariamente someternos al pecado, no en nuestra naturaleza o espíritu, sino por decisión propia a través de nuestro cuerpo y mente. Esto es lo que el siguiente versículo llama *"servir al pecado"*.

Sabiendo esto, que nuestro viejo hombre fue crucificado juntamente con él, para que el cuerpo del pecado sea destruido, a fin de que no sirvamos más al pecado. (Romanos 6:6)

Hay una diferencia entre *ser esclavo* del pecado y *servir* al pecado por decisión propia. Por ahora, sólo nos hemos enfocado en la redención de la esclavitud del pecado. En el siguiente capítulo, estudiaremos cómo ser restaurados después de que hemos servido al pecado voluntariamente.

DOMINO SOBRE SATANÁS

El cual nos ha librado de la potestad de las tinieblas, y trasladado al reino de su amado Hijo. (Colosenses 1:13)

Antes de ser nuevas criaturas, estábamos bajo la esclavitud de Satanás, él tenía completo dominio legal sobre nosotros, para robarnos, destruirnos, y finalmente matarnos (Juan 10:10).

¡Ahora, como hijos de Dios, hemos sido librados de esta autoridad, hemos sido trasladados al Reino de Su amado Hijo! Y no sólo eso, ahora nosotros tenemos poder y autoridad sobre Satanás y sobre todo poder demoníaco.

Y estas señales seguirán a los que creen: En mi nombre echarán fuera demonios; hablarán nuevas lenguas; tomarán en las manos serpientes, y si bebieren cosa mortífera, no les hará daño; sobre los enfermos pondrán sus manos, y sanarán. (Marcos 16:17,18)

En el Nombre de Jesús, tenemos autoridad no sólo sobre poderes demoníacos, sino además, sobre cualquier situación que se presente en nuestra contra, tales como enfermedades, opresión, temor, etc.

Hijitos, vosotros sois de Dios, y los habéis vencido; porque mayor es el que está en vosotros, que el que está en el mundo. (1 Juan 4:4)

Estando en unidad con el Espíritu de Dios en nosotros, podemos confiadamente decir, ¡Mayor es el que está en mí, que el que está en el mundo! Ahora, podemos cumplir el propósito con el que Dios nos creó sobre la tierra, para tener domino sobre ella. Y siguiendo el ejemplo de Jesús, podemos tomar autoridad no sólo sobre los poderes espirituales de las tinieblas, sino sobre toda situación natural que deba ser sometida a la autoridad de Jesucristo (Génesis 1:28).

LIBRE DE LA MALDICIÓN

Cristo nos redimió de la maldición de la ley, hecho por nosotros maldición (porque está escrito: Maldito todo el que es colgado en un madero). (Gálatas 3:13)

La maldición entró a la tierra cuando Adán le entregó su autoridad a Satanás. Desde entonces, la muerte ha reinado en ella.

Romanos 8:20-22, nos muestra que debido al pecado, toda la creación fue sujeta a corrupción, y hasta ahora, está en esclavitud de muerte y destrucción. Es por eso que vivimos en un mundo de peligro, donde fenómenos naturales, plagas, violencia y pestilencias parecen ser incontrolables.

En Deuteronomio 28:15-68, la Palabra nos muestra una lista de lo que la maldición involucra. Veamos un breve resumen de la maldición en las siguientes categorías:

- Fracaso
- Escasez
- Enfermedad
- Dolor
- Esclavitud
- Derrota
- Humillación
- Robos y pérdidas

- Opresión y depresión
- Temor
- Plagas y pestilencias
- Insatisfacción
- Tristeza
- Peligro
- Muerte
- Desastre, etc.

¡Gracias a Dios, que en Cristo, hemos sido redimidos de estas maldiciones! Como te darás cuenta, es importante conocer de qué hemos sido liberados, de otra manera, viviremos sufriendo las consecuencias de la maldición cuando ésta ya no tiene ningún poder y autoridad sobre nosotros.

Bendito sea el Dios y Padre de nuestro Señor Jesucristo, que nos bendijo con toda bendición espiritual en los lugares celestiales en Cristo. (Efesios 1:3)

Nosotros hemos sido bendecidos por el Padre, por lo tanto la maldición ya no tiene poder sobre nuestra vida. Sabe que si eres bendecido, no hay maldición tan grande que pueda revocar tu bendición.

Él dio bendición, y no podré revocarla. (Números 23:20)

SALVACIÓN

Recuerda que tú eres un espíritu nacido de nuevo, tu espíritu te ha convertido en una nueva criatura. Y como nueva criatura, has sido redimido con una completa salvación.

Y el mismo Dios de paz os santifique por completo; y todo vuestro ser, espíritu, alma y cuerpo, sea guardado irreprensible para la venida de nuestro Señor Jesucristo. (1 Tesalonicenses 5:23)

La salvación incluye no sólo la vida eterna al morir físicamente, sino también la restauración de tu alma y tu cuerpo aquí en la tierra, para vivir en la plenitud de vida que el Padre predestinó para ti.

La palabra *salvación* en griego es *"sorteria"* y *"sozo"*, e incluyen entre sus significados, el *ser salvo de peligro, del sufrimiento o de un enemigo; ser rescatado, libertado; salud y sanidad; restauración, estar completo; seguridad y preservación.*

¿Te das cuenta que la salvación que has recibido en Jesucristo incluye tu restauración espiritual, física y mental?

Pues mucho más, estando ya justificados en su sangre, por él seremos salvos de la ira. Porque si siendo enemigos, fuimos reconciliados con Dios por la muerte de su Hijo, mucho más, estando reconciliados, seremos salvos por su vida. (Romanos 5:9,10)

Hemos sido redimidos, justificados, y hechos hijos de Dios. Somos nuevas criaturas con la misma autoridad y poder de Jesucristo. Participamos de la misma naturaleza del Padre y de Su compañerismo. Hemos sido liberados de la esclavitud del pecado, de la muerte y de Satanás. Hemos sido liberados de juicio y condenación; de la culpabilidad y el temor. ¡Hemos sido salvos por medio de nuestro Señor y Salvador Jesucristo!

Porque no nos ha puesto Dios para ira, sino para alcanzar salvación por medio de nuestro Señor Jesucristo. (1 Tesalonicenses 5:9)

!Este es el verdadero evangelio, buenas noticias de gran gozo! Pero quizá tú estés pensando, ¿Si he sido redimido y soy un hijo de Dios, por qué no estoy disfrutando de esta libertad?

Como vimos al principio de esta lección, por falta de conocimiento, la ignorancia te roba de recibir los beneficios de la redención. Una vez que tú conoces tus derechos y privilegios en Cristo, es tu responsabilidad creerlos y recibirlos por fe, meditando y confesando estas hermosas promesas que has aprendido en la Palabra de Dios.

En los siguientes capítulos aprenderás más principios bíblicos que te enseñarán cómo apropiarte y poner por obra las promesas que el Padre te ha dado como Su hijo.

PREGUNTAS DE REPASO

¿Qué significa la palabra redención?

Menciona 7 beneficios de la redención.

4 CONOCIENDO AL PADRE

Por esta causa doblo mis rodillas ante el Padre de nuestro Señor Jesucristo, de quien toma nombre toda familia en los cielos y en la tierra. (Efesios 3:14,15)

Como te darás cuenta, el cristianismo no es una religión, es una familia que consiste en el Padre y Sus hijos.

El cristianismo está basado en la comunión –en una relación familiar entre la Divinidad y la humanidad, Dios y el hombre. No consiste en una serie de doctrinas. Las doctrinas han sido sólo el resultado de su enseñanza. Ni consiste en leyes o normas morales, sin embargo las mejores normas morales han sido el resultado de su práctica. Tampoco se trata de teología, sino de la realidad de la unión entre el Padre y Sus hijos. Y esto es lo que nos diferencia de todas las religiones del mundo.

EL PUNTO DE PARTIDA

En los capítulos anteriores hemos sido maravillados al conocer acerca del amor que Dios el Padre tiene hacia nosotros, el cual fue manifestado en la manera en que Él creó al hombre, así como en la manera en que Él restauró el acceso para la comunión después de que el hombre pecó contra Él.

Hasta ahora, hemos aprendido que por medio de Jesucristo somos salvos, que hemos sido redimidos, que nuestros pecados han sido borrados y que somos hijos de Dios. Este conocimiento es poderoso y aun así, lamentablemente muchos cristianos viven conociendo estas verdades solamente en sus mentes, sin hacerlas una realidad en ellos. ¿A qué se debe esto?

Para poder experimentar la comunión con el Padre y todos los beneficios y privilegios que te corresponden como Su hijo, primero que nada, tú debes tener conocimiento de ello. Una vez que obtienes este conocimiento, entonces es tu responsabilidad creerlo y ponerlo en práctica.

De aquí en adelante, tú podrías continuar tu vida como hasta ahora la has vivido, sabiendo que tienes vida eterna después de la muerte y que algún día te presentarás cara a cara con Dios, tu Creador. Pero créeme, este tipo de vida, aunque con una buena esperanza, estará llena de insatisfacción y frustración.

Por otro lado, al conocer tu nueva naturaleza y lo que está disponible para ti, ahora puedes empezar la mejor aventura de tu vida. Una vida llena de libertad y prosperidad, disfrutando de la comunión con tu Padre celestial y usando todos los recursos que Él te ha dado —viviendo una vida de bendición y siendo bendición a otros.

Yo creo que esto último es tu deseo, es por eso que tienes este libro en tus manos, ¿verdad? Veamos pues cómo desarrollar tu comunión con el Padre.

NUESTRA IMAGEN DEL PADRE

Nuestro entendimiento está basado en definiciones. En tu vida, todas tus acciones y reacciones se llevan a cabo de acuerdo a la definición que tú tienes sobre determinado tema o palabra. Debido a esto, es muy importante que en esta nueva vida, te asegures que las definiciones, ideas o imágenes que tienes sobre cierto tema, estén alineadas con las definiciones que el Padre utiliza en Su Palabra.

Frecuentemente basamos nuestro concepto o imagen del Padre celestial con la imagen que tenemos acerca de un padre terrenal, lo cual afecta nuestra relación y acercamiento hacia Él.

2 Corintios 5:16 De manera que nosotros de aquí en adelante a nadie conocemos según la carne; y aun si a Cristo conocimos según la carne, ya no lo conocemos así.

En el versículo anterior podemos ver que como nuevas criaturas, no solamente debemos cambiar la imagen que tenemos acerca de nosotros mismos, sino que además, debemos dejar en el pasado toda idea, concepto e imagen que hayamos tenido acerca de Dios. Puesto que lo que antes conocimos acerca de Él, fue en la carne, en nuestra vida natural, y por lo tanto, ya no tiene validez en nuestra nueva vida espiritual.

Pero el hombre natural no percibe las cosas que son del Espíritu de Dios, porque para él son locura, y no las puede entender, porque se han de discernir espiritualmente. (1 Corintios 2:14)

Desafortunadamente, las malas experiencias que hayamos tenido con la imagen paterna, han formado en nosotros sentimientos o ideas erróneas, las cuales utilizaremos inconscientemente al relacionarnos con nuestro Padre celestial, a menos que sean identificadas y corregidas por medio de la Palabra.

LA VERDADERA IMAGEN

A continuación veremos algunos ejemplos de experiencias negativas que hayamos tenido con nuestro padre terrenal, y las ideas preconcebidas que como consecuencia pudimos haber formado hacia nuestro Padre celestial.

Una vez que comparamos la verdadera imagen del Padre con cualquier imagen errónea que hayamos tenido de Él, podremos corregir nuestro punto de vista al respecto, lo cual nos proporcionara libertad y confianza al acercarnos a Él.

Nuestro Padre Terrenal	Nuestro Padre Celestial
Ausencia. Muchas personas crecieron con la ausencia de un padre o de una figura paterna. Esto como consecuencia pudo crear la idea de que, para ellos, Dios sólo puede ser Dios, pero no un Padre.	Porque él dijo: No te desampararé, ni te dejaré. (Hebreos 13:5) Y he aquí yo estoy con vosotros todos los días, hasta el fin del mundo. Amén. (Mateo 28:20)
Indiferencia. Algunas veces el padre fue una persona indiferente o bastante ocupada, sin dedicar tiempo para sus hijos. Esto pudo causar el sentimiento de que Dios es indiferente o está muy ocupado para tratar con sus asuntos.	Echando toda vuestra ansiedad sobre él, porque él tiene cuidado de vosotros. (1 Pedro 5:7) Por nada estéis afanosos, sino sean conocidas vuestras peticiones delante de Dios en toda oración y ruego, con acción de gracias. (Filipenses 4:6)
Desaprobación. Otros han crecido con falta de afecto o aceptación de sus padres, sin la aprobación o el reconocimiento que requerían de ellos. Como resultado, puede existir en ellos una sensación de desapruebo delante del Padre celestial.	Jehová está en medio de ti, poderoso, él salvará; se gozará sobre ti con alegría, callará de amor, se regocijará sobre ti con cánticos. (Sofonías 3:17) En amor habiéndonos predestinado para ser adoptados hijos suyos por medio de Jesucristo, según el puro afecto de su voluntad, con la cual nos hizo aceptos en el Amado. (Efesios 1:5,6)
Pobreza. En otras ocasiones, los hijos sólo experimentaron pobreza y escasez, ya sea porque el padre por más que intentó, no pudo suplir sus necesidades, o simplemente por negligencia e ignorancia. De cualquier modo, estas personas quizá crecieron con	Jehová es mi pastor; nada me faltará. (Salmo 23:1) Amado, yo deseo que tú seas prosperado en todas las cosas, y que tengas salud, así como prospera tu alma. (3 Juan 2) Sino acuérdate de Jehová tu

la mentalidad de que el Padre celestial no desea o no proveerá sus necesidades naturales.	Dios, porque él te da el poder para hacer las riquezas, a fin de confirmar su pacto que juró a tus padres, como en este día. (Deuteronomio 8:18)
Demandante. Algunos padres en su intención de disciplinar, utilizaron métodos agresivos, exigiendo demandas que estaban fuera del alcance de sus hijos, o que perjudicaban su desarrollo como personas. Esto pudo causar en los hijos temor o falta de confianza a los mandamientos del Padre en Su Palabra.	Porque este mandamiento que yo te ordeno hoy no es demasiado difícil para ti, ni está lejos. (Deuteronomio 30:11) Estas cosas os he hablado, para que mi gozo esté en vosotros, y vuestro gozo sea cumplido. (Juan 15:11)
Abuso. En algunos casos, el padre maltrata o abusó de sus hijos de una manera física, verbal, o aun sexual. Esto pudo provocar en los hijos temor y falta de confianza hacia el Padre celestial, y algunas veces hasta enojo, amargura y resentimiento hacia Él.	Y los apacentó conforme a la integridad de su corazón, Los pastoreó con la pericia de sus manos. (Salmo 78:72) He visto sus caminos; pero le sanaré, y le pastorearé, y le daré consuelo a él y a sus enlutados; produciré fruto de labios: Paz, paz al que está lejos y al cercano, dijo Jehová; y lo sanaré. (Isaías 57:18,19)
Rechazo. Algunas veces, los hijos fueron el resultado de un embarazo no deseado. Como consecuencia, estas personas pudieron haber crecido sin valor propio, con la idea de que ellos son sólo un accidente, sin propósito ni dirección.	No fue encubierto de ti mi cuerpo, Bien que en oculto fui formado, Y entretejido en lo más profundo de la tierra. Mi embrión vieron tus ojos, Y en tu libro estaban escritas todas aquellas cosas Que fueron luego formadas, Sin faltar una de ellas. (Salmo 139:15-16) Así dice Jehová, Hacedor tuyo, y el que te formó desde el vientre... No temas, siervo mío..., a quien yo escogí. (Isaías 44:2)

¡Qué emocionante es saber que nuestro Padre celestial nos ama y sólo desea nuestro bienestar y prosperidad! Con esta breve información acerca de Su persona, seguro estás listo para dejar las cosas del pasado en el pasado, y dispuesto para permitirle a tu Padre celestial que te muestre Su amor en plenitud.

Para que habite Cristo por la fe en vuestros corazones, a fin de que, arraigados y cimentados en amor, y de conocer el amor de Cristo, que excede a todo conocimiento, para que seáis llenos de toda la plenitud de Dios. (Efesios 3:17,19)

LLAMADO A SER UN HIJO

Mas a todos los que le recibieron, a los que creen en su nombre, les dio potestad de ser hechos hijos de Dios. (Juan 1:12)

Desde el principio, el deseo de Dios ha sido el ser un Padre para nosotros. Él ha deseado que tú y yo seamos Sus hijos, y como resultado, que formemos parte de Su familia.

Y seré para vosotros por Padre, Y vosotros me seréis hijos e hijas, dice el Señor Todopoderoso. (1 Corintios 6:18)

¿No hizo él uno, habiendo en él abundancia de espíritu? ¿Y por qué uno? Porque buscaba una descendencia para Dios. (Malaquías 2:15)

Dios no está buscando más siervos, Él cuenta con una multitud de ángeles a Su servicio. Notemos esto en la parábola del hijo prodigo que Jesús narró:

Y levantándose, vino a su padre. Y cuando aún estaba lejos, lo vio su padre, y fue movido a misericordia, y corrió, y se echó sobre su cuello, y le besó. Y el hijo le dijo: Padre, he pecado contra el cielo y contra ti, y ya no soy digno de ser llamado tu hijo.

Pero el padre dijo a sus siervos: Sacad el mejor vestido, y vestidle; y poned un anillo en su mano, y calzado en sus pies. Y traed el becerro gordo y matadlo, y comamos y hagamos fiesta. (Lucas 15:20-23)

Es evidente en esta historia, que aunque el padre recibió la oferta de tener un siervo más, él sólo buscaba recuperar al hijo que había perdido. Nota también conforme la historia continúa, que el hijo mayor no tenía la mentalidad o identidad de hijo, sino de siervo, y esta mentalidad lo limitaba de recibir los beneficios y privilegios que debió disfrutar como hijo y heredero de su padre.

Y su hijo mayor estaba en el campo; y cuando vino, y llegó cerca de la casa, oyó la música y las danzas; y llamando a uno de los criados, le preguntó qué era aquello. Él le dijo: Tu hermano ha venido; y tu padre ha hecho matar el becerro gordo, por haberle recibido bueno y sano. Entonces se enojó, y no quería entrar. Salió por tanto su padre, y le rogaba que entrase. Mas él, respondiendo, dijo al padre: He aquí, tantos años te sirvo, no habiéndote desobedecido jamás, y nunca me has dado ni un cabrito para gozarme con mis amigos. Pero cuando vino este tu hijo, que ha consumido tus bienes con rameras, has hecho matar para él el becerro gordo. Él entonces le dijo: Hijo, tú siempre estás conmigo, y todas mis cosas son tuyas. (Lucas 15:25-31)

TU COMUNIÓN CON EL PADRE

¿Te das cuenta qué importante es conocer a Dios como tu Padre? Tu relación con Él debe ser basada en esta verdad.

Muchas veces debido a la falta de identidad como hijo, nos es más fácil comunicarnos hacia Él como *"Dios"*, o *"Señor"*, o *"Altísimo"*, etc. Y no hay nada de malo en estos términos cuando son utilizados en tiempo de adoración.

Pero cuando se trata de una comunión continua y familiar, nuestro Padre nos muestra en Su Palabra la manera en que debemos comunicarnos con Él, exhortándonos a llamarle *"Padre"*, e inclusive *"Papi"* o *"Papito"*, de acuerdo a la traducción de la palabra griega *"Abba"* al español.

Y por cuanto sois hijos, Dios envió a vuestros corazones el Espíritu de su Hijo, el cual clama: ¡Abba, Padre! (Gálatas 4:6)

La Biblia nos muestra claramente que nuestra oración, cuando se refiere a peticiones y dependencia, debe ser hacia el Padre, ya que uno de los significados y funciones de un padre es el de proteger y cuidar. Como nuevas criaturas oramos al Padre en el Nombre de Jesús.

Esta oración o comunicación hacia tu Padre celestial no requiere de palabras elocuentes o religiosas. Comunícate con Él de la manera natural en la que le hablarías a tu papá o a un amigo en el que confías. No te preocupes si no parece que lo estás haciendo correctamente, el único requisito en tu oración es creer que Él te escucha y está listo para contestarte (Hebreos 11:6).

Vosotros, pues, oraréis así: Padre nuestro que estás en los cielos, santificado sea tu nombre. (Mateo 6:9)

En aquel día no me preguntaréis nada. De cierto, de cierto os digo, que todo cuanto pidiereis al Padre en mi nombre, os lo dará. (Juan 16:23)

La Biblia también nos muestra que hemos sido llamados a tener comunión con Jesucristo (1 Corintios 1:9); y con el Espíritu Santo, quien es nuestro Guía, Consolador, Maestro y Consejero (Juan 16:13; 14:26). Durante el transcurso del día, platica con Jesús, agradécele por Su compañía, compártele tus planes, retos, etc., y deja que Él te dé dirección, ideas y conforte por medio de Su Espíritu.

CUANDO LA COMUNIÓN SE ROMPE

¿Quién nos separará del amor de Cristo? ¿Tribulación, o angustia, o persecución, o hambre, o desnudez, o peligro, o espada? Antes, en todas estas cosas somos más que vencedores por medio de aquel que nos amó. Por lo cual estoy seguro de que ni la muerte, ni la vida, ni ángeles, ni principados, ni potestades, ni lo presente, ni lo por venir, ni lo alto, ni lo profundo, ni ninguna otra cosa creada nos podrá separar del amor de Dios, que es en Cristo Jesús Señor nuestro. (Romanos 8:35,37-39)

¡El amor del Padre es maravilloso y nada puede separarte de Su amor! Cuando tú recibes esta revelación en tu vida, y decides confiar en Él, entonces puedes venir confiadamente delante de Él, sin temor.

Acerquémonos, pues, confiadamente al trono de la gracia, para alcanzar misericordia y hallar gracia para el oportuno socorro. (Hebreos 4:16)

Tu nueva identidad como una nueva criatura está basada en el amor del Padre hacia ti. Como hijo, nunca debes de tener temor de ser rechazado por tu Padre celestial. Tampoco debes temer el defraudarlo o desilusionarlo, puesto que Él te amó y te llamó cuando estabas en la peor condición en la que pudiste haber estado.

Pero Dios, que es rico en misericordia, por su gran amor con que nos amó, aun estando nosotros muertos en pecados, nos dio vida juntamente con Cristo (por gracia sois salvos). (Efesios 2:4,5)

¿Pero qué hacer cuando fallamos a Su Palabra, cuando desobedecemos y servimos al pecado?

RELACIÓN DE PARENTESCO Y COMUNIÓN

Al igual que en una familia, cuando un hijo desobedece a su padre, causa que la comunión o el compañerismo entre ellos sea bloqueada. Sin embargo, esta acción de desobediencia no afecta la relación de parentesco que existe entre ellos, pues el parentesco no se basa en acciones sino en el nacimiento.

De la misma manera, nosotros tenemos una relación de parentesco y una relación de comunión con nuestro Padre celestial.

- *Parentesco*, nuestra relación de parentesco con el Padre está basada en el nuevo nacimiento. Esta relación no puede ser rota puesto que somos hijos de Dios por medio de la sangre de Jesús, y como Sus hijos, nosotros ya no pecamos por naturaleza (1 Juan 3:9). Con la naturaleza de Dios tenemos el poder y la libertad sobre el pecado.

- *Comunión*, nuestra relación de comunión con el Padre está basada en el compañerismo que tenemos con Él, con Su Palabra, y con nuestros hermanos en la fe (1 Juan 1:5,7). Y esta relación puede ser rota por medio de acciones de pecado.

RESTAURANDO LA COMUNIÓN

Como una nueva criatura, ahora somos un espíritu nuevo, puro y santo delante de Dios. Pero nuestro cuerpo y nuestra mente necesitan ser re-entrenados o renovados a nuestra nueva vida en Cristo, para así cambiar lo que la Biblia llama *"el viejo hombre"*, refiriéndose a la manera en que solíamos pensar y actuar.

En cuanto a la pasada manera de vivir, despojaos del viejo hombre, que está viciado conforme a los deseos engañosos, y renovaos en el espíritu de vuestra mente, y vestíos del nuevo hombre, creado según Dios en la justicia y santidad de la verdad. (Efesios 4:22-24)

Durante este proceso de renovación, cometeremos actos de desobediencia e incredulidad a nuestro Padre en Su Palabra. Y estas acciones de pecado nos impedirán la comunión con Él y la dirección de Su Espíritu en nuestras vidas.

Cuando esto sucede, el Padre ha provisto una manera para poder restaurar nuestra comunión con Él, al confesar nuestro pecado y recibir por fe Su perdón. Al confesar tu pecado, puedes decir algo como: *"Padre, reconozco que _____ (nombra lo que hiciste) es pecado y Te pido perdón por ello. Conforme a Tu Palabra, sé que al confesarte mi pecado Tú me has lavado y perdonado de mi maldad y Te doy las gracias en el Nombre de Jesús"*.

Si confesamos nuestros pecados, él es fiel y justo para perdonar nuestros pecados, y limpiarnos de toda maldad. (1 Juan 1:9)

Así que, sin importar qué tan grande parezca tu pecado, Él promete perdonarte y olvidarse de tu maldad. ¡Nuestro Padre es Fiel y Justo!

Disfruta de tu comunión con Él y sabe que si pecas, puedes en ese mismo momento confesar tu pecado en un acto de arrepentimiento, para ser perdonado y vivir libre de condenación.

Ahora, pues, ninguna condenación hay para los que están en Cristo Jesús, los que no andan conforme a la carne, sino conforme al Espíritu. (Romanos 8:1)

No permitas que tus errores del pasado te roben de disfrutar del perdón y la comunión que el Padre te ha proporcionado. Recuerda que tu relación con Él no está basada en tus obras, sino en Su amor por ti. ¡Eres un hijo de Dios!

PREGUNTAS DE REPASO

¿Cómo debe ser tu relación entre Dios y tú, ahora que eres una nueva criatura?

A diferencia de un padre natural, describe algunas características de tu Padre celestial.

Explica la diferencia entre comunión y parentesco.

¿Cómo se rompe y se restaura la comunión con tu Padre celestial?

5 SIENDO TRANSFORMADOS

Seguramente que al conocer las verdades de tu nueva vida en Cristo y del amor del Padre hacia ti, te encuentras deseoso de disfrutar de Su comunión y de la libertad de la redención. Para poder lograr esto, debes continuar con el proceso de renovar tu mente.

Durante este estudio, tú has recibido información por medio de la Palabra de Dios, que al creerla y ponerla por obra, no solamente te ha alimentado espiritualmente, sino que además ha remplazado en tu mente la información pasada que habías tenido acerca de tu identidad como hijo de Dios, acerca del Padre y acerca de Jesucristo.

Este proceso de remplazar la antigua manera de pensar, al poner por obra la Palabra de Dios, es lo que se conoce como la renovación de la mente.

DEL PENSAMIENTO A LA ACCIÓN

Porque cual es su pensamiento en su corazón, tal es él... (Proverbios 23:7)

Sin importar la naturaleza de vida o muerte; existe un proceso en la vida de cada persona que determina su personalidad, es decir, sus actitudes, intereses, comportamiento, reacciones emocionales y carácter.

Este proceso consiste en un pensamiento, que se convierte en una acción, el cual llega a ser un hábito y finalmente un estilo de vida. Tú eres lo que piensas.

CONFORMADOS A ESTE SIGLO

Y él os dio vida a vosotros, cuando estabais muertos en vuestros delitos y pecados, en los cuales anduvisteis en otro tiempo, siguiendo la corriente de este mundo, conforme al príncipe de la potestad del aire, el espíritu que ahora opera en los hijos de desobediencia, entre los cuales también todos nosotros vivimos en otro tiempo en los deseos de nuestra carne, haciendo la voluntad de la carne y de los pensamientos, y éramos por naturaleza hijos de ira, lo mismo que los demás. (Efesios 2:1-3)

Si lees cuidadosamente los versículos anteriores, notarás que la vida que viviste antes de nacer de nuevo ha sido siguiendo la corriente del mundo, la cual está sometida al dominio de Satanás. Esta manera de vida se manifiesta en los deseos de la carne y en los pensamientos.

Ahora, como una nueva criatura, el Padre te exhorta en Su Palabra, a que ya no te conformes o te amoldes a este siglo, sino que seas transformado por medio de la renovación de tu mente.

No os conforméis a este siglo, sino transformaos por medio de la renovación de vuestro entendimiento... (Romanos 12:2)

TRANSFORMADO

Recuerda que tú eres un ser espiritual que habita en un cuerpo y opera a través de la mente. Este ser espiritual que eres, como lo hemos visto anteriormente, es puro y completo, y listo para manifestar la vida de Dios en él.

Desafortunadamente, debido al mundo natural en que vivimos, la única manera para manifestar la vida de Dios que hay en ti, es a través de tu alma y tu cuerpo. A través de una vida de prosperidad mental y física.

¿Cómo definirías prosperidad mental y física? Seguramente que libre de temor y preocupaciones, una vida llena de gozo y tranquilidad, con completa salud y sanidad. Y esto es exactamente lo que el Padre desea para tu alma y tu cuerpo.

De hecho, el Padre desea que manifiestes Su calidad de vida no sólo en tu alma y cuerpo, sino también en tu estado social, financiero, familiar, etc. ¡Él desea tu prosperidad total!

Amado, yo deseo que tú seas prosperado en todas las cosas, y que tengas salud, así como prospera tu alma. (3 Juan 2)

Quizá te preguntes, ¿Si espiritualmente estoy completo, por qué debo de ser transformado? Como vimos en el punto anterior, tu mente y tu cuerpo han sido entrenados a pensar y actuar de la manera en que el mundo actúa. Esta manera es una manera que conduce a la muerte, a través del temor, estrés, enojo, egoísmo, perversión, enfermedades, etc., incluyendo todo lo que tiene que ver con la naturaleza de pecado y de muerte.

Como hijo de Dios, ahora debes de re-entrenar a tu mente y a tu cuerpo a pensar y actuar de acuerdo a la manera de tu nueva familia, de acuerdo a la Palabra de Dios. Para que así, la vida que habita en ti, sea manifestada en todo tu ser y sea un testimonio a otros.

Y el mismo Dios de paz os santifique por completo; y todo vuestro ser, espíritu, alma y cuerpo, sea guardado irreprensible para la venida de nuestro Señor Jesucristo. (1 Tesalonicenses 5:23)

Así que en esta nueva vida, tu tarea es la transformación de tu alma y tu cuerpo por medio de la renovación de tu mente. Y esto es un acto de tu voluntad.

LA VOLUNTAD DEL PADRE

No os conforméis a este siglo, sino transformaos por medio de la renovación de vuestro entendimiento, para que comprobéis cuál sea la buena voluntad de Dios, agradable y perfecta. (Romanos 12:2)

Muchos cristianos, por falta de conocimiento de la Palabra de Dios –con una mente no renovada, creen que la voluntad de Dios para sus vidas es un misterio, o algo difícil de completar, o algo que quizá requiera mucho sacrificio de su parte.

Pero la Palabra nos muestra que al renovar nuestra mente, no sólo seremos transformados en nuestra alma y cuerpo, sino que además, conoceremos la voluntad del Padre para nuestras vidas. Y Su voluntad es buena, agradable y perfecta.

RENOVANDO LA MENTE

Antes de nacer de nuevo, estábamos muertos espiritualmente, por lo que nuestro andar dependía totalmente de nuestros cinco sentidos físicos y nuestro razonamiento. Como nuevas criaturas, ya no estamos limitados a lo que percibimos con nuestros sentidos, ahora podemos ser guiados por el Espíritu de nuestro Padre, y nos podemos mover mas allá de lo natural, nos podemos mover por fe.

En el proceso de renovar la mente, nuestra meta es entrenar a nuestra mente a someterse a la Palabra de Dios, para que ésta sea sólo un instrumento de nuestro ser espiritual, con el cual podremos interactuar con el mundo natural. Tu mente, así como tu cuerpo, deben ser sólo eso, herramientas para el espíritu, en lugar de que sean las partes que controlan tu ser.

No os conforméis a este siglo, sino transformaos por medio de la renovación de vuestro entendimiento, para que comprobéis cuál sea la buena voluntad de Dios, agradable y perfecta. (Romanos12:2)

La palabra *"transformaos"*, proviene de la palabra griega *"metamorfo"*, la cual de acuerdo a diversos diccionarios significa:

- Cambio de forma física o de estructura
- Cambio de carácter, de apariencia o de condición
- Transformación supernatural debido a poderes supernaturales
- Completo cambio de una persona o cosa

¡Cuando tu mente y cuerpo sean transformados, conformados a la Palabra de Dios, disfrutarás de la nueva persona que eres no sólo espiritualmente, sino completamente!

¿Estás listo para aprender más acerca de cómo renovar tu mente?

LA BATALLA EN LA MENTE

Pues aunque andamos en la carne, no militamos según la carne; porque las armas de nuestra milicia no son carnales, sino poderosas en Dios para la destrucción de fortalezas, derribando argumentos y toda altivez que se levanta contra el conocimiento de Dios, y llevando cautivo todo pensamiento a la obediencia a Cristo. (2 Corintios 10:3-5)

Desde el momento que naciste de nuevo, ha habido una batalla en tu ser. Tu mente y tu cuerpo están acostumbrados a llevar el control de tu vida, pero ahora, tu espíritu está listo para tomar control de tu ser, y esto causa conflicto a tu parte natural y mental.

Debes entender, que tu cuerpo y mente no son malvados, aunque a veces parecerán tus enemigos —al tratar de impedir que camines en fe y obediencia a la Palabra. Ellos simplemente han sido entrenados a actuar en el mundo natural fuera de la Palabra. Y es por eso, que leemos que tenemos una batalla, pero no en contra de tu carne o en contra de otras personas.

La batalla es en tu mente, la cual tiene el poder de controlar a tu cuerpo. Por lo tanto, para ganar la batalla, debes ganar el control de tu mente por medio de las armas poderosas que el Padre te ha dado.

CONTROLANDO LOS PENSAMIENTOS

Lee otra vez 2 Corintios 10:3-5. Te darás cuenta que la batalla consiste en destruir fortalezas, derribar argumentos y cualquier altivez contraria al conocimiento de Dios; tomando cautivo todo pensamiento, y sometiéndolo a la obediencia a Cristo.

¿Listo para la batalla? Tomémonos tiempo para estudiar cada una de estas acciones.

- **Destruyendo fortalezas.** Una fortaleza es un lugar fortificado, el cual impide que lo que está adentro salga y a la vez, impide a lo exterior entrar. Las fortalezas en tu vida son aquellos pensamientos de incapacidad, inferioridad, culpabilidad, prejuicios y estereotipos, que han creado una gran barrera en tu mente. Esta barrera te mantiene prisionero y a la vez impide que nueva y diferente información entre a tu mente.

    Por lo tanto, para poder ser libre de esta manera de pensar, debes destruir estas fortalezas al renovar tu mente, cambiando los pensamientos que te han mantenido preso, con los nuevos pensamientos de la Palabra de Dios.

- **Derribando argumentos**. Los argumentos son los pensamientos lógicos o los razonamientos que te impiden creer en lo espiritual y supernatural de Dios y de Su Palabra.

Cuando tu mente duda que las promesas del Padre lleguen a ser realidad en tu vida, sabe que tu mente ha sido entrenada a razonar de esta manera. Pero sabe también que tu mente es capaz de creer cosas que no son realidad de acuerdo a los sentidos naturales. Por ejemplo, ¿alguna vez has estado asustado simplemente al escuchar una vieja historia de terror? Tus cinco sentidos no experimentaron tal historia, sin embargo en tu imaginación fue tan real que quizás causó que tus manos sudaran de miedo. Déjame darte otro ejemplo, imagínate que tienes en tu mano un limón, imagínate que mientras le quitas la cáscara, el jugo corre por tus dedos, y una vez sin cáscara, imagínate que le das una mordida. ¿Se te hizo agua la boca? ¿Por qué? En realidad no sucedió, fue solamente en tu mente, en tu imaginación.

Con esto en mente, ahora puedes saber que sin importar cuán acostumbrada esté tu mente a razonar y argumentar, también está sujeta a creer cosas que naturalmente no son reales o no existen en el mundo natural. Tu mente muchas veces no distingue entre lo real y lo no real. Por lo tanto si tú la entrenas a creer que la Palabra de Dios es real, eventualmente lo creerá y de esta manera ganarás la batalla al derribar argumentos.

- **Derribando toda altivez**. Toda altivez, es todo pensamiento que levanta una barrera con la actitud de orgullo. Estos pensamientos también deben ser derribados.

En tu caminar cristiano encontrarás que muchas veces la Palabra de Dios te va a corregir, principalmente cuando se te enseña que la manera en que actúas o piensas no es correcta de acuerdo a la Palabra. Y es entonces cuando tú tendrás la oportunidad de derribar la altivez en tu mente, siendo sumiso y enseñable al recibir la corrección. Sabiendo que si el Padre te corrige por medio de Su Palabra es porque Él te ama y desea tu bienestar (Hebreos 12:5-7).

- **Tomando pensamientos cautivos.** La Palabra nos exhorta a tomar todo pensamiento cautivo a la obediencia a Cristo. ¿Cómo se logra esto? Quizá suene como algo complicado, pero con la práctica y el conocimiento de la Palabra de Dios, el tomar los pensamientos cautivos resulta un estilo de vida.

Tomar los pensamientos cautivos significa vigilar que los pensamientos que entran a tu mente concuerden con lo que la Palabra de Dios dice. Y cuando estos no se alinean a la Palabra, entonces deben ser remplazados inmediatamente.

A diferencia de la altivez, existe el otro extremo –la falsa humildad. Esta actitud es tan peligrosa como el orgullo. La falsa humildad se niega a recibir las promesas y liberación del Padre, diciendo que no somos dignos de lo que Dios nos ha hecho dignos. Este es uno de los pensamientos que deben ser cautivos y remplazados; de no ser así, nos impedirán nuestro desarrollo y potencial como hijos de Dios.

ARMAS PODEROSAS EN DIOS

Porque las armas de nuestra milicia no son carnales, sino poderosas en Dios ... (2 Corintios 10:4)

Tenemos armas poderosas en Dios que nos dan la habilidad de destruir y tomar cautivo todo pensamiento contrario al conocimiento de Dios. ¿Cuáles son estas armas?

Y tomad el yelmo de la salvación, y la espada del Espíritu, que es la palabra de Dios. (Efesios 6:17)

En Efesios 6:13-17 se mencionan las diferentes piezas que forman la armadura de Dios. Esta armadura nos ha sido dada para que podamos ganar la batalla en nuestra mente.

Dentro de las diferentes piezas que forman la armadura, se encuentran varias piezas defensivas y sólo un arma ofensiva. Y aunque parezca única, ésta arma ofensiva, que es la Palabra de Dios, es tan poderosa que es todo lo que necesitas para salir victorioso en cualquier batalla.

Procura con diligencia presentarte a Dios aprobado, como obrero que no tiene de qué avergonzarse, que usa bien la palabra de verdad. (2 Timoteo 2:15)

Imagínate a un soldado, que está protegido de pies a cabeza, y que cuenta con una poderosa arma en contra de su enemigo. A menos que este soldado sepa cómo usar esa arma, de nada le servirá el tenerla.

De la misma manera, de nada sirve tener en tus manos un arma tan poderosa como la Palabra de Dios, si no sabes cómo utilizarla. Veamos algunas maneras en que podemos aprovechar esta poderosa arma.

- **Escuchar** la Palabra de Dios. El primer paso para utilizar la Palabra de Dios es el ser enseñado. Al escuchar la Palabra, no sólo la llegas a conocer, además te ayuda a edificar o madurar tu fe.

    Así que la fe es por el oír, y el oír, por la palabra de Dios. (Romanos 10:17)

- **Recibir** la Palabra de Dios. Una vez que escuchaste la Palabra, debes de recibirla, esto es, reconocerla como la máxima autoridad en tu vida, con la actitud de someterte a ella y obedecerla.

  Y éstos son los que fueron sembrados en buena tierra: los que oyen la palabra y la reciben, y dan fruto a treinta, a sesenta, y a ciento por uno. (Marcos 4:20)

- **Meditar** la Palabra de Dios. Meditar en la Palabra es recordar lo que se te ha enseñado y pensar al respecto. Es imaginar la Palabra siendo realidad en tu vida. Estudiarla y hablarla en voz suave a ti mismo.

  Nunca se apartará de tu boca este libro de la ley, sino que de día y de noche meditarás en él, para que guardes y hagas conforme a todo lo que en él está escrito; porque entonces harás prosperar tu camino, y todo te saldrá bien. (Josué 1:8)

- **Actuar** en la Palabra de Dios. Al poner por obra la Palabra, estás mostrando que crees en ella, y como hacedor de ella, serás bienaventurado y próspero en lo que hagas.

  Mas el que mira atentamente en la perfecta ley, la de la libertad, y persevera en ella, no siendo oidor olvidadizo, sino hacedor de la obra, éste será bienaventurado en lo que hace. (Santiago 1:25)

- **Confesar** la Palabra de Dios. La Biblia dice que de la abundancia del corazón, habla la boca (Mateo 12:34). Cuando tus pensamientos o tu corazón estén llenos de la Palabra de Dios, empezarás a confesarla sin temor o vergüenza, sabiendo que nuestro Padre es fiel para cumplir lo que promete.

Mantengamos firme, sin fluctuar, la confesión de nuestra esperanza, porque fiel es el que prometió. (Hebreos 10:23)

- **Leer** la Palabra de Dios. Una vez que has escuchado la Palabra de Dios, debes de estudiar individualmente lo que se te enseña, al tener un tiempo dedicado para leer y repasar lo que has aprendido.

Escudriñad las Escrituras; porque a vosotros os parece que en ellas tenéis la vida eterna; y ellas son las que dan testimonio de mí. (Juan 5:39)

UN SACRIFICIO VIVO

Así que, hermanos, os ruego por las misericordias de Dios, que presentéis vuestros cuerpos en sacrificio vivo, santo, agradable a Dios, que es vuestro culto racional. (Romanos 12:1)

Nota que el versículo 1 de Romanos 12 nos exhorta a que presentemos nuestro cuerpo como un sacrificio vivo, agradable a Dios y santo o apartado para Él. ¿Cómo hacemos esto?

En cuanto a la pasada manera de vivir, despojaos del viejo hombre, que está viciado conforme a los deseos engañosos. (Efesios 4:22)

Nuestro cuerpo es un sacrificio vivo para Dios cuando con una acción voluntaria nos quitamos el viejo hombre, o los viejos hábitos y costumbres. Nuestros cuerpos han sido entrenados con deseos engañosos, deseos que parecieran placenteros y beneficiosos, pero que en realidad son dolor y destrucción.

Por lo tanto, cuando tu cuerpo desea participar y someterse a algún vicio, algún mal hábito, e incluso a la debilidad, dolor o enfermedad; debes meditar y confesar lo que la Palabra de

Dios dice acerca de ti y de tu cuerpo. Tu cuerpo se someterá a la Palabra de Dios. No tiene otra opción. Para ayudarlo a obedecer, tú puedes decir, por ejemplo:

- *"Cuerpo, tú eres el templo santo del Espíritu de Dios, y has sido apartado sólo para Su uso"* (1 Corintios 3:16)

- *"Cuerpo, tú has sido liberado de la autoridad y control del pecado"* (Romanos 6:14)

- *"He sido redimido de la maldición, por lo tanto cuerpo, has sido redimido de la enfermedad y el dolor"* (Gálatas 3:13)

VESTÍOS DEL NUEVO HOMBRE

En cuanto a la pasada manera de vivir, despojaos del viejo hombre, que está viciado conforme a los deseos engañosos, y renovaos en el espíritu de vuestra mente, y vestíos del nuevo hombre, creado según Dios en la justicia y santidad de la verdad. (Efesios 4:22-24)

El vestirte del nuevo hombre es tu tarea y tu responsabilidad. Es renovar tu mente conforme a la Palabra de Dios.

Porque dejando el mandamiento de Dios, os aferráis a la tradición de los hombres... invalidando la palabra de Dios con vuestra tradición que habéis transmitido... (Marcos 7:8,13)

De aquí en adelante tú debes hacer una decisión. ¿Te aferrarás a tus tradiciones, a la manera en que creciste, a tu cultura, educación y religión? o ¿Creerás lo que Dios dice que eres, que puedes hacer y tener? Cuando un cristiano vive sin renovar su mente, literalmente invalida la Palabra de Dios y la hace sin efecto en su vida.

Por tanto, nosotros todos, mirando a cara descubierta como en un espejo la gloria del Señor, somos transformados de gloria en gloria en la misma imagen, como por el Espíritu del Señor. (2 Corintios 3:18)

Tu vida debe ser como un espejo de la Palabra de Dios, revelando la imagen de Jesucristo en ti. Recuerda, la única manera en que tu vida puede ser transformada a lo que el Padre ha diseñado para ti es a través de renovar tu mente.

Por último, como te has dado cuenta, para renovar tu mente, debes conocer la Palabra de Dios. Para ayudarte en esta área, al final del libro encontrarás una sección titulada *"En Esto Pensad"*, la cual contiene una lista de versículos con los cuales podrás renovar tu mente en diferentes aspectos de tu vida.

PREGUNTAS DE REPASO

¿Qué parte de tu ser debe ser transformado y por qué?

¿Cómo llegas a ser transformado?

¿De acuerdo a 2 Corintios 10:3-5, cómo se vence la batalla en la mente?

Menciona 6 *"armas poderosas"* al utilizar la Palabra de Dios.

6 NUESTRA HERENCIA COMO HIJOS

¡En nuestra nueva familia, el Padre no sólo nos ha hecho Sus hijos, Él también nos ha hechos Sus herederos!

Y si hijos, también herederos; herederos de Dios y coherederos con Cristo... (Romanos 8:17)

En nuestra posición de hijos, nosotros no necesitamos rogarle al Padre o tratar de convencerlo para que nos dé Sus bendiciones. En el momento en que llegamos a ser parte de Su familia —por medio del nuevo nacimiento, nos convertimos en los herederos legales de todo lo que Él posee.

JESUCRISTO, EL HEREDERO DE TODO

Yo publicaré el decreto; Jehová me ha dicho: Mi hijo eres tú; Yo te engendré hoy. Pídeme, y te daré por herencia las naciones, Y como posesión tuya los confines de la tierra. (Salmos 2:7,8)

Jesucristo con Su victoria al resucitar, ha llegado a ser el heredero del Padre. Y cuando nosotros recibimos Su obra de redención en nuestras vidas, llegamos a estar en unidad con Él. Por medio de esta unión, llegamos a ser coherederos con Él.

Dios, habiendo hablado muchas veces y de muchas maneras en otro tiempo a los padres por los profetas, en estos postreros días nos ha hablado por el Hijo, a quien constituyó heredero de todo, y por quien asimismo hizo el universo. (Hebreos 1:1,2)

Ésta es una noticia maravillosa. Como hijos de Dios, ahora podemos disfrutar de las promesas que Él ha preparado para Su familia.

Ahora pertenecemos a una nueva familia, la familia de Dios, y tenemos una nueva ciudadanía. En esta nueva ciudadanía, nos regimos bajo nuevas leyes y principios, los principios del Reino de Dios.

Todo esto suena genial, ¿Acaso no? Hay algo más que debes saber. A través del nuevo nacimiento, nosotros llegamos a ser la justicia de Dios en Cristo (2 Corintios 5:21). Esta justicia, no sólo nos da el derecho legal de venir al Padre en una actitud de confianza, sin temor o culpabilidad. También, nos da el derecho legal de reclamar nuestra herencia como hijos, como coherederos en Cristo.

Sin embargo, el ser hijos de Dios y el ser la justicia de Dios en Cristo, no te garantiza el que disfrutes de tu herencia automáticamente. Tú debes hacer algo al respecto para poder recibirla y disfrutar de ella.

En otras palabras, aunque tu herencia está disponible para ti, aquí y ahora, la única manera en que tú puedes disfrutar de ella es por medio de la fe y la obediencia a los principios del Reino. Y por medio de la renovación de tu mente. ¿Listo para disfrutar de tu herencia?

DISFRUTANDO DE NUESTRA HERENCIA AQUÍ Y AHORA

Respondió Jesús: De cierto, de cierto te digo, que el que no naciere de agua y del Espíritu, no puede entrar en el reino de Dios. (Juan 3:5)

Jesús dijo que al nacer del Espíritu podríamos entrar al Reino de Dios. El Reino de Dios no sólo consiste en el cielo, como muchos han creído, sino en vivir bajo el reinado de Dios, bajo Su gobierno, Sus principios y Sus bendiciones.

El deseo del Padre es que tú vivas de una manera extraordinaria, echando mano de los recursos divinos, con una vida llena de prosperidad en cada aspecto de tu vida.

Esto trae gloria al Padre, pues tu vida lo representa a Él. Y además, muestra al mundo el amor y la bondad del Padre hacia Sus hijos, lo cual invita a más personas a formar parte de Su familia (Romanos 2:4).

Porque he aquí el reino de Dios está entre vosotros. (Lucas 17:21)

Una de los deseos de Jesús fue que el Reino de Su Padre fuera manifestado en la tierra de la misma manera que lo es en el cielo (Mateo 6:10).

Para que sean vuestros días, y los días de vuestros hijos, tan numerosos sobre la tierra que Jehová juró a vuestros padres que les había de dar, como los días de los cielos sobre la tierra. (Deuteronomio 11:21)

¿Te das cuenta?, Dios ha determinado Su plan para tu vida, un plan de éxito y prosperidad. Tú no tienes que esperar estar en el cielo para disfrutar de ello. Por medio de Su Palabra, recibirás dirección para reclamar la vida en abundancia que te pertenece. Recuerda, una vez que recibes instrucción de Su Palabra, es tu responsabilidad el renovar tu mente al creer lo que Dios dice que eres, que tienes y que puedes hacer.

Y me será a mí por nombre de gozo, de alabanza y de gloria, entre todas las naciones de la tierra, que habrán oído todo el bien que yo les hago; y temerán y temblarán de todo el bien y de toda la paz [prosperidad] que yo les haré. (Jeremías 33:9)

¿Es tu deseo el darle gozo y alabanza a tu amoroso Padre celestial? ¡Entonces empieza a prosperar, disfruta de tu herencia y sé un testimonio a las naciones! Recibir y disfrutar de nuestra herencia es una decisión propia que te introducirá a la mejor y más satisfactoria experiencia de tu vida.

EQUIPADOS PARA POSEER

El Padre te ha dotado de todas las herramientas necesarias para que puedas obtener tu herencia. Antes de estudiar en qué consiste nuestra herencia, conoceremos algunas herramientas útiles que te servirán para tomar posesión de tu heredad.

- **Fe que mueve montañas**

  Cuando naciste de nuevo, recibiste la medida de fe que el Padre da a cada uno de Sus hijos. Esta medida de fe es la misma para cada cristiano (2 Pedro 1:1). La Biblia la asemeja a una semilla de mostaza capaz de producir abundante fruto (Mateo 13:31,32).

  Conforme a la medida de fe que Dios repartió a cada uno. (Romanos 12:3)

  Fe es creer y obedecer la Palabra de Dios. No solamente creerla, pues para ver los resultados de la fe debemos de actuar de acuerdo a lo que la Palabra dice, y actuar es obediencia.

  Porque todo lo que es nacido de Dios vence al mundo; y esta es la victoria que ha vencido al mundo, nuestra fe. (1 Juan 5:4)

  ¡La fe que recibiste del Padre te ha hecho un vencedor!

- **Paciencia**

  La paciencia es una herramienta indispensable en el uso de la fe. A diferencia del concepto negativo que tengamos acerca de esta palabra, la paciencia es una cualidad preciosa de poseer.

Pero deseamos que cada uno de vosotros muestre la misma solicitud hasta el fin, para plena certeza de la esperanza, a fin de que no os hagáis perezosos, sino imitadores de aquellos que por la fe y la paciencia heredan las promesas. (Hebreos 6:11,12)

En los versículos anteriores podemos ver cómo la Biblia define a la paciencia. El significado bíblico para la paciencia, no es una actitud de inactividad, o de soportar cualquier situación que venga en tu contra, o una espera aburrida. No, paciencia significa seguir haciendo lo que has estado haciendo, significa constancia, consistencia. Es mostrar la misma solicitud o diligencia hasta el fin.

No perdáis, pues, vuestra confianza, que tiene grande galardón; porque os es necesaria la paciencia, para que habiendo hecho la voluntad de Dios, obtengáis la promesa. (Hebreos 10:35,36)

A través del Espíritu Santo en ti, has recibido la semilla de la paciencia, esta semilla es un fruto que debes desarrollar en tu vida. ¡El Padre te ha equipado con paciencia, la habilidad de permanecer constante hasta el fin!

- **Amor**

El amor que habita en tu ser, no es una emoción o sentimiento, es la misma naturaleza del Padre en ti. Dios es amor, esa es Su naturaleza (1 Juan 4:8).

Y la esperanza no avergüenza; porque el amor de Dios ha sido derramado en nuestros corazones por el Espíritu Santo que nos fue dado. (Romanos 5:5)

El amor con el que el Padre te ha dotado, es la fuerza y el poder que te mantienen vencedor. Cuando tú caminas en este amor, tú no puedes fracasar, la

Palabra dice en 1 Corintios 13:8, que el amor nunca deja de ser, en otras palabras el amor nunca falla.

Caminar en amor es guardar los mandamientos del Padre y del Hijo. Es meditar en Su Palabra y ponerla por obra (Juan 14:21).

La herramienta del amor es también el tener un entendimiento o revelación de cuánto te ama el Padre. Al conocer y recibir el amor del Padre hacia ti, serás perfeccionado en amor y podrás literalmente vivir una vida libre de temor.

En el amor no hay temor, sino que el perfecto amor echa fuera el temor; porque el temor lleva en sí castigo. De donde el que teme, no ha sido perfeccionado en el amor. (1 Juan 4:18)

- **Gozo**

El gozo es una herramienta que fortalece tu vida. Y al igual que la fe, la paciencia y el amor, tú tienes el gozo del Padre en ti.

No os entristezcáis, porque el gozo de Jehová es vuestra fuerza. (Nehemías 8:10)

Para desarrollar el gozo del Señor que traerá fuerza a tu vida, tú no tienes que depender de tus sentimientos o de sentir ganas de estar gozoso. Vivir en el gozo del Señor empieza con una decisión voluntaria de renovar tu mente, meditar en el amor del Padre y saber que sin importar en qué situación te encuentres, has sido predestinado para la victoria. ¡Qué buenas razones para estar gozoso!

Estad siempre gozosos. (1 Tesalonicenses 5:16)

- **Y otras más**

Otras de las herramientas con las que el Padre te ha dotado, las puedes encontrar en Gálatas 5:22,23:

Mas el fruto del Espíritu es amor, gozo, paz, paciencia, benignidad, bondad, fe, mansedumbre, templanza; contra tales cosas no hay ley. (Gálatas 5:22,23)

Utiliza estas herramientas que tienes a tu disposición. Mientras más las utilizas, más experto llegas a ser en ellas. Y sabe que contra tales no hay ley, es decir, estas herramientas sobrepasan las leyes naturales, trayéndote resultados sobrenaturales.

LA TIERRA PROMETIDA

En las historias del Antiguo Testamento, vemos cómo Dios le dio a Israel un gran territorio, en el cual había todo tipo de prosperidad y abundancia. Una vez que Dios estableció la herencia para Su pueblo, ellos debían ir y poseer la tierra prometida. De la misma manera, nosotros como Su pueblo debemos ir y poseer nuestra tierra prometida.

Porque Jehová tu Dios te introduce en la buena tierra, tierra de arroyos, de aguas, de fuentes y de manantiales, que brotan en vegas y montes; tierra de trigo y cebada, de vides, higueras y granados; tierra de olivos, de aceite y de miel; tierra en la cual no comerás el pan con escasez, ni te faltará nada en ella; tierra cuyas piedras son hierro, y de cuyos montes sacarás cobre. Y comerás y te saciarás, y bendecirás a Jehová tu Dios por la buena tierra que te habrá dado. (Deuteronomio 8:7-10)

Ahora es tiempo de conocer en qué consiste nuestra herencia a poseer. Recuerda que para poseer las promesas mencionadas a continuación, debes utilizar tu fe, al creer que el Padre ha provisto dicha promesa para tu posesión, y creer que como hijo de Dios tú eres un heredero legal de lo que el Padre te ha prometido. Toma la actitud de que estas promesas te pertenecen, recíbelas por fe y actúa en ellas. La manifestación natural vendrá.

Es, pues, la fe la certeza de lo que se espera, la convicción de lo que no se ve. (Hebreos 11:1)

- **El Don del Espíritu.**

  Como vimos anteriormente, cuando nacemos de nuevo, el Espíritu de Dios viene a hacer morada en nosotros, llegamos a ser uno con Él. A diferencia de la morada del Espíritu en tu vida, existe un don o regalo que el Padre ha preparado para Sus hijos.

  Este regalo es la llenura de Su Espíritu. Esta llenura sucede cuando el Espíritu Santo te cubre con Su Poder, dándote valentía para testificar de Él (Hechos 1:8).

  El recibir el don del Espíritu, también te da la habilidad de hablar un nuevo lenguaje —un lenguaje espiritual, con el que podrás orar al Padre cuando no sepas cómo orar (Romanos 8:26). Y no sólo eso, al utilizar este lenguaje espiritual, edificarás tu espíritu y tu fe. Traerá refrescamiento a tu vida y te facilitará el recibir la sabiduría de Dios (1 Corintios 14:4; Judas 20; 1 Corintios 2:7,13).

  Y fueron todos llenos del Espíritu Santo, y comenzaron a hablar en otras lenguas, según el Espíritu les daba que hablasen. (Hechos 2:4)

- **Libertad del Temor.**

Con la herramienta del amor, podemos llegar a vivir libres de cualquier temor (1 Juan 4:18).

Así que, por cuanto los hijos participaron de carne y sangre, él también participó de lo mismo, para destruir por medio de la muerte al que tenía el imperio de la muerte, esto es, al diablo, y librar a todos los que por el temor de la muerte estaban durante toda la vida sujetos a servidumbre. (Hebreos 2:14,15)

La Palabra dice que el Padre no te ha dado un espíritu de temor, sino de poder, de amor y de dominio propio (2 Timoteo 1:7). Por lo tanto, tú no debes vivir en temor. El temor te robará tu gozo, tus fuerzas, tu salud, y todo lo que te pertenece. El temor pertenece a la naturaleza del diablo, la cual es robar, matar y destruir (Juan 10:10). ¡Toma posesión de tu herencia y vive libre del temor!

No temas, porque yo estoy contigo; no desmayes, porque yo soy tu Dios que te esfuerzo; siempre te ayudaré, siempre te sustentaré con la diestra de mi justicia. (Isaías 41:10)

- **Salud y Sanidad.**

Como hijos de Dios hemos sido redimidos de la maldición de la enfermedad y la muerte. La Palabra nos promete una larga vida llena de satisfacción, (Salmo 91:16). Sin importar cuál sea la causa de la enfermedad, sabemos que la fuente viene de la naturaleza de muerte, y nosotros ya no participamos de esa naturaleza.

Mas él herido fue por nuestras rebeliones, molido por nuestros pecados; el castigo de nuestra paz fue sobre él, y por su llaga fuimos nosotros curados. (Isaías 53:5)

En la cruz, Jesucristo no sólo derramó Su sangre para el perdón de nuestros pecados. Su cuerpo también fue herido y azotado, Él sufrió todo dolor y enfermedad inimaginable, para que nosotros no tuviéramos que sufrir.

Tu heredad como hijo de Dios es recibir tu sanidad y restauración en cualquier parte de tu alma y cuerpo que necesite ser sanado.

Una vez que has sido sanado y restaurado, tu meta es caminar en completa salud —salud divina, tomando control de cualquier síntoma de enfermedad que quiera afectar tu cuerpo, sin permitir que ninguna enfermedad habite en ti. ¡La salud y la sanidad te pertenecen!

- **La Gracia de Dios**

Gracias doy a mi Dios siempre por vosotros, por la gracia de Dios que os fue dada en Cristo Jesús; porque en todas las cosas fuisteis enriquecidos en él, en toda palabra y en toda ciencia; así como el testimonio acerca de Cristo ha sido confirmado en vosotros, de tal manera que nada os falta en ningún don, esperando la manifestación de nuestro Señor Jesucristo. (1 Corintios 1:4-7)

La gracia de Dios puede definirse bíblicamente de la siguiente manera: *Favor, deleite, beneficio, don, recompensa, una suma de bendiciones terrenales, abundancia, liberalidad, poder y equipamiento para el ministerio, habilidad, beneficio,* etc.

En esta ocasión, nos referiremos a la gracia de Dios como la habilidad que Él nos da para llevar a cabo cualquier tarea. Esta habilidad puede ser favor, creatividad, finanzas, fuerza, etc.

La Palabra nos exhorta a venir delante del Padre, con toda confianza, sabiendo que en Él encontraremos aquello que necesitamos.

Acerquémonos, pues, confiadamente al trono de la gracia, para alcanzar misericordia y hallar gracia para el oportuno socorro. (Hebreos 4:16)

Además, la gracia de Dios es manifestada en Su amor y misericordia hacia nosotros al borrar todo pecado por medio de la sangre de Cristo. ¡Su gracia para perdonar es más grande que el pecado más grande que pudieras cometer!

Mas cuando el pecado abundó, sobreabundó la gracia. (Romanos 5:20)

¿Necesitas perdón, habilidad, favor, finanzas, etc.? Están disponibles para ti, es parte de tu herencia y debes poseerla. Sé un buen administrador de la multiforme gracia de Dios (1 Pedro 4:10).

- **Un Nuevo Comienzo**

No os acordéis de las cosas pasadas, ni traigáis a memoria las cosas antiguas. He aquí que yo hago cosa nueva; pronto saldrá a luz; ¿no la conoceréis? Otra vez abriré camino en el desierto, y ríos en la soledad. (Isaías 43:18,19)

En Cristo, tenemos la oportunidad de comenzar de nuevo, una y otra vez. Sabiendo que podemos ser perdonados y renovados, como si no tuviéramos pasado.

Yo, yo soy el que borro tus rebeliones por amor de mí mismo, y no me acordaré de tus pecados. (Isaías 43:25)

Cuando desobedecemos o fallamos al caminar en la Palabra de Dios, sabemos que el Padre nos dará otra oportunidad de comenzar de nuevo. Su deseo es que nos levantemos y sigamos adelante. ¡Él es nuestro mejor porrista!

Hemos estudiado que cuando confesamos nuestros pecados al Padre, Él es Fiel y Justo para perdonarnos y limpiarnos (1 Juan 1:9). En esta ocasión reafirmaremos la seguridad para volver a empezar, al estudiar una de las áreas que nos impiden volver a levantarnos cuando caemos –la condenación.

La condenación y culpabilidad son algunas de las armas favoritas de nuestro enemigo, con las cuales nos controlaba y torturaba antes de nacer de nuevo.

Y aun como nuevas criaturas, el diablo intenta utilizar sus mismos métodos, que desafortunadamente siguen funcionando cuando el creyente no conoce que parte de su herencia es el privilegio de un nuevo comienzo.

Es importante también, conocer la diferencia entre *tentación* y *pecado*, pues muchos cristianos son derrotados al recibir condenación cuando están siendo tentados.

La tentación, también conocida como *prueba*, *tribulación*, o *presión*, no es pecado. La Biblia nos dice que Jesús fue tentado en todas formas (Hebreos 2:18, 4:15). Pero Él no pecó. Tú no eres culpable cuando eres tentado, pero si no tomas cautiva esa tentación al renovar tu mente, esa semilla de tentación producirá su fruto, el cual es pecado.

Cuando alguno es tentado, no diga que es tentado de parte de Dios; porque Dios no puede ser tentado por el mal, ni él tienta a nadie; sino que cada uno es tentado, cuando de su propia concupiscencia es atraído y seducido. Entonces la concupiscencia, después que ha concebido, da a luz el pecado; y el pecado, siendo consumado, da a luz la muerte. (Santiago 1:13-15)

Recuerda que tu enemigo el diablo es un ladrón, destructor y asesino. Él quiere robarte tu libertad como hijo de Dios, y desea destruir tu futuro por medio del pecado que produce muerte.

Tu herencia en Dios es un futuro seguro y próspero, una vida llena de éxito. Toma posesión de esta herencia y sigue hacia adelante, volviendo a comenzar si es necesario; sabiendo que ninguna condenación hay para los que están en Cristo (Romanos 8:1).

Hermanos, yo mismo no pretendo haberlo ya alcanzado; pero una cosa hago: olvidando ciertamente lo que queda atrás, y extendiéndome a lo que está delante, prosigo a la meta, al premio del supremo llamamiento de Dios en Cristo Jesús. (Filipenses 3:13,14)

- **Prosperidad**

Sino acuérdate de Jehová tu Dios, porque él te da el poder para hacer las riquezas, a fin de confirmar su pacto que juró a tus padres, como en este día. (Deuteronomio 8:18)

Hemos sido creados para tener todas nuestras necesidades provistas y mucho más. Antes de que el pecado entrara al mundo, el trabajo no era una manera de sobrevivencia. Dios le asignó trabajo a Adán, como una forma de gobernar y cuidar a Su creación.

En la Biblia, encontramos infinidad de versículos que afirman el deseo del Padre de prosperarnos. Pero nuestro astuto enemigo, ha tratado de torcer la Palabra de Dios al hacernos creer, por medio de la religión, que la manera más pura de servir a Dios es a través de la pobreza y la miseria. ¡Esto es una gran mentira!

Podemos ver desde el Antiguo al Nuevo Testamento, que cada persona que caminó en comunión con Dios, guardando Sus mandamientos, tuvo sus necesidades suplidas y recibió prosperidad y abundancia financiera. En el principio de la historia, en Génesis, vemos que Adán y Eva tenían todas sus necesidades provistas y mucho más. Cuando vemos el final de la historia, en Apocalipsis, con un cielo nuevo y una tierra nueva, otra vez encontramos abundancia.

La pobreza y escasez no están incluidas dentro del plan de Dios para Su creación. Fue por medio del pecado que la maldición entró a la tierra y la pobreza es parte de la maldición.

Porque ya conocéis la gracia de nuestro Señor Jesucristo, que por amor a vosotros se hizo pobre, siendo rico, para que vosotros con su pobreza fueseis enriquecidos. (2 Corintios 8:9)

Jesucristo cuando vino al mundo, vivió de una manera próspera. En la cruz Él tomó la maldición, tomó toda nuestra pobreza y escasez, para que nosotros pudiésemos participar de Sus riquezas —riquezas financieras.

Viviendo prósperos financieramente, es la mejor manera en que podremos encargarnos de los negocios de nuestro Padre —al servirle y ser un testimonio al mundo, mostrando a la gente de que nuestro Padre, es el Dios de toda la tierra y que nosotros somos Sus herederos.

EL PUEBLO DE DIOS

Existen muchas más promesas que forman parte de nuestra herencia en Dios. Se nos ha prometido victoria, protección, favor, el servicio de ángeles, dones espirituales, sabiduría divina, etc.

Por ahora, tienes suficiente información en la que debes de meditar y renovar tu mente. Sabe que como hijo y heredero de Dios, tú no puedes seguir viéndote a ti mismo de la manera que solías hacerlo. Tu identidad ha cambiado –tu futuro ha cambiado. Ya no eres la misma persona, eres una nueva criatura. Perteneces a una nueva familia; por lo tanto, debes practicar nuevos principios, practicar nuevos hábitos, hablar nuevas palabras. ¡Tú no eres el mismo, eres un hijo de Dios, vive como un hijo de Dios!

Mas vosotros sois linaje escogido, real sacerdocio, nación santa, pueblo adquirido por Dios, para que anunciéis las virtudes de aquel que os llamó de las tinieblas a su luz admirable. (1 Pedro 2:9)

PREGUNTAS DE REPASO

¿Qué dice Romanos 8:17?

¿En dónde y cuándo debes de disfrutar de tu herencia?

Menciona 3 herramientas que necesitas para poseer tu herencia.

Menciona 4 áreas que formen parte de tu herencia como hijo de Dios.

7 LA FAMILIA DE LA FE

Así que ya no sois extranjeros ni advenedizos, sino conciudadanos de los santos, y miembros de la familia de Dios. (Efesios 2:19)

Como un hijo de Dios, ahora formas parte de la familia de fe, la familia de Dios. En esta familia, así como en una familia natural, tú tienes un lugar y una función muy especial. Y la única manera en que podrás estar completamente realizado en tu vida, es a través de conocer no sólo el amor del Padre y Sus promesas para ti, sino también al conocer y llevar a cabo la función que tienes en tu nueva familia.

Así que, según tengamos oportunidad, hagamos bien a todos, y mayormente a los de la familia de la fe. (Gálatas 6:10)

En el versículo anterior, Dios nos exhorta a hacer el bien o ser una bendición a todos y principalmente a la familia de fe.

En este capítulo, estudiaremos un poco acerca de esta familia y la manera en que tú puedes ser una bendición en ella. Empezaremos con ver algunas de las funciones que Jesús tuvo aquí en la tierra y Su posición actual en la familia de la fe. Ya que como primogénito en esta familia, Él ha establecido para nosotros el ejemplo a seguir.

EL MINISTERIO DE JESÚS EN LA TIERRA

La Palabra de Dios revela algunas funciones específicas que Jesucristo llevó a cabo estando aquí en la tierra. A través de los Evangelios, podemos ver que una de las principales funciones de Jesús aquí en la tierra, fue el revelar al Padre.

A diferencia de la imagen que la religión había establecido acerca de Dios, Jesús se dedicó a mostrar a la gente el corazón del Padre hacia la humanidad y Su deseo por restauración a través del perdón, sanidad, liberación, y provisión. Jesús, por medio de Sus palabras y acciones, mostró al mundo que el Padre celestial ama y cuida de Su creación (Juan 14:6,7; Colosenses 1:15; Hebreos 1:3).

Además de revelar al Padre, Jesús vino para destruir las obras del diablo (1 Juan 3:8). Para cumplir la voluntad del Padre (Juan 6:38). Para mostrar a los hombres el camino al Padre (Juan 14:6). Para predicar el Reino de Dios (la manera en que Dios opera) y dar testimonio de la verdad (Lucas 4:43; Juan 18:37). Para servir, y por supuesto para dar Su vida en rescate por muchos (Mateo 20:28).

JESÚS Y LA IGLESIA

Y yo también te digo, que tú eres Pedro, y sobre esta roca edificaré mi iglesia; y las puertas del Hades no prevalecerán contra ella. (Mateo 16:18)

Una vez cumplido Su ministerio en la tierra, Jesucristo mostró Su siguiente prioridad y ministerio actual –la familia de Dios, conocida también como la Iglesia.

Cuando la Palabra de Dios se refiere a la Iglesia, se refiere ya sea a la familia universal de Dios, es decir, a los creyentes en Jesucristo alrededor del mundo; o a un grupo de creyentes que se congregan en un lugar específico, conocido también como iglesia local.

Veamos en el siguiente versículo el amor y propósito que Jesús tiene para Su Iglesia.

...así como Cristo amó a la iglesia, y se entregó a sí mismo por ella, para santificarla, habiéndola purificado en el lavamiento del agua por la palabra, a fin de presentársela a sí mismo, una iglesia gloriosa, que no tuviese mancha ni arruga ni cosa semejante, sino que fuese santa y sin mancha. (Efesios 5:25-27)

¿Te das cuenta? Así como individualmente Jesús te ama y desea que vivas en completa abundancia (Juan 10:10), de la misma manera Él desea que corporalmente, como familia, todos los cristianos vivamos de una manera gloriosa. ¡Su familia, es decir, Su Iglesia es una iglesia gloriosa!

EL CUERPO DE CRISTO

Una vez que Jesús cumplió Su ministerio en la tierra, después de resucitar, Dios el Padre, lo sentó a Su diestra en los lugares celestiales y le dio la autoridad de gobernar sobre todas las cosas, en todo lugar, por toda la eternidad (Efesios 1:20-23).

Y sometió todas las cosas bajo sus pies, y lo dio por cabeza sobre todas las cosas a la iglesia, la cual es su cuerpo, la plenitud de Aquel que todo lo llena en todo. (Efesios 1:22)

Jesucristo gobierna sobre la Iglesia —Él es Su cabeza (Colosenses 1:18). La Iglesia es el Cuerpo de Cristo, por medio de la cual Él habla y actúa. La Iglesia es el medio por el cual Él puede llenar todo lugar con Su presencia.

Como puedes ver, la Iglesia es el primordial enfoque de Jesucristo, pues es la manera en que Él opera ahora en la tierra. Como parte de la familia de Dios, tú formas parte de la Iglesia. ¡Tú formas parte del Cuerpo de Cristo!

Porque de la manera que en un cuerpo tenemos muchos miembros, pero no todos los miembros tienen la misma función, así nosotros, siendo muchos, somos un cuerpo en Cristo, y todos miembros los unos de los otros. (Romanos 12:4,5)

TU POSICIÓN EN EL CUERPO

En el momento en que naciste de nuevo, Dios el Padre te colocó en el Cuerpo de Cristo. Así como cada miembro del cuerpo humano es importante, como parte del Cuerpo de Cristo, tú eres un miembro muy importante y necesario.

Porque así como el cuerpo es uno, y tiene muchos miembros, pero todos los miembros del cuerpo, siendo muchos, son un solo cuerpo, así también Cristo. Porque por un solo Espíritu fuimos todos bautizados en un cuerpo, sean judíos o griegos, sean esclavos o libres; y a todos se nos dio a beber de un mismo Espíritu. Además, el cuerpo no es un solo miembro, sino muchos... Mas ahora Dios ha colocado los miembros cada uno de ellos en el cuerpo, como él quiso. Porque si todos fueran un solo miembro, ¿dónde estaría el cuerpo? Pero ahora son muchos los miembros, pero el cuerpo es uno solo... Vosotros, pues, sois el cuerpo de Cristo, y miembros cada uno en particular. (1 Corintios 12:12-14, 18-20, 27)

De la misma manera que Jesús cumplió diferentes funciones estando aquí en la tierra, ahora como parte de Su Cuerpo, tú tienes tareas y funciones especificas a llevar a cabo. Como Jesús, tú tienes un ministerio a cumplir.

A continuación, estudiaremos brevemente en qué consiste este ministerio y cómo recibir entrenamiento para llevarlo a cabo.

EL LLAMADO DE DIOS EN TU VIDA

Porque a los que antes conoció, también los predestinó para que fuesen hechos conformes a la imagen de su Hijo, para que él sea el primogénito entre muchos hermanos. Y a los que predestinó, a éstos también llamó; y a los que llamó, a éstos también justificó; y a los que justificó, a éstos también glorificó. (Romanos 8:29,30)

Tú has sido llamado por Dios para participar de las bendiciones de la redención (2 Timoteo 1:9). Este llamado, también incluye el asumir cierto título o vocación. Los versículos anteriores nos muestran que Dios nos ha llamado a ser conforme a la imagen del Hijo.

Como llamado de Dios, te corresponde vivir de una manera que refleje la imagen del Hijo a las personas que te rodean. Es por eso que anteriormente estudiamos algunas funciones o características del caminar de Jesús en este mundo. Ya que al conocer la manera en que Jesús operaba aquí en la tierra, podrás seguir Su ejemplo y como consecuencia cumplir tu llamado.

Por lo cual, hermanos, tanto más procurad hacer firme vuestra vocación [llamado] y elección; porque haciendo estas cosas, no caeréis jamás. (2 Pedro 1:10)

Dios el Padre nos ama tanto, que cuando Él nos ordena a hacer algo, es siempre para nuestro beneficio. El versículo anterior nos da una promesa maravillosa para nuestro éxito. ¡Nos dice que cuando somos diligentes en nuestro llamado, seremos librados del fracaso!

Veamos cuáles son algunas de las funciones que podemos realizar para cumplir este llamado.

MAYORES OBRAS

Jesucristo, estando en la tierra, hizo grandes milagros y maravillas, transformando muchas vidas al ministrar amor, verdad, esperanza, consuelo, libertad, y más.

Demos un repaso a algunas de las funciones del ministerio de Jesús aquí en la tierra, las cuales tú podrás continuar al cumplir con tu llamado:

- Revelar al Padre
- Destruir las obras del diablo
- Cumplir la voluntad del Padre
- Mostrar a los hombres el camino al Padre
- Predicar el Reino de Dios (la manera en que Dios opera)
- Dar testimonio de la verdad
- Servir

De cierto, de cierto os digo: El que en mí cree, las obras que yo hago, él las hará también; y aun mayores hará, porque yo voy al Padre. (Juan 14:12)

Jesucristo le dijo a Sus discípulos, incluyéndote a ti y a mí, que una vez que llegamos a ser creyentes nacidos de nuevo, podemos continuar haciendo las obras que Él hizo y aun mayores.

¿Te puedes ver a ti mismo haciendo estas obras y aun más? Si tu respuesta por el momento es *"no"*, no hay problema. Tu papel por el momento es madurar y recibir más instrucción. El continuar madurando al recibir instrucción, te ayudará a cambiar cualquier imagen negativa que tengas de ti mismo, y podrás verte con la habilidad en Cristo para hacer Sus obras y aun mayores.

Si recuerdas, al principio del libro explicamos que un bebé como nuevo miembro en una familia, sólo está en la posición de recibir amor incondicional, seguridad, protección y provisión. Conforme él madure, aprenderá su posición y la posición de los otros miembros de la familia. Y con el tiempo, recibirá responsabilidades específicas para ayudar a su propio bienestar y al bienestar de su familia.

En tu nueva familia, tu Padre celestial no espera de ti que hagas algo sin la madurez necesaria. Sin embargo, sabe que tú ya tienes toda la capacidad que necesitas para cumplir todo el propósito de Dios en tu vida. Así como un bebé recién nacido tiene los miembros necesarios para caminar y aun correr, debido a su condición, él no tiene la madurez para hacerlo.

De la misma manera, en el momento en que naciste de nuevo, recibiste toda habilidad para llevar a cabo el llamado de Dios en tu vida. Pero antes de ocuparte de ello, es necesario que crezcas y madures en tu nueva identidad como nueva criatura; en el amor del Padre hacia ti; en la seguridad en tu redención; y tus derechos y privilegios como hijo de Dios.

El tener un buen fundamento en esto, te dará la madurez para llevar a cabo el llamado de Dios en tu vida y así poder bendecir a la familia de la fe, al mundo y ti mismo.

LA IMPORTANCIA DE LA IGLESIA

Como hijo de Dios, tú ya formas parte de Su familia universal; sin embargo, para poder crecer y madurar en tu nueva identidad, tú necesitas ser parte de una familia de fe local, es decir, de una iglesia local.

La Palabra de Dios nos muestra que a través de la historia, la manera en que Dios ha organizado y tratado con Su pueblo ha sido a través de grupos de personas guiadas por un líder. En el Nuevo Testamento, toda instrucción y bendición para los cristianos nacidos de nuevo fue comunicada a las iglesias locales por medio de un líder o pastor.

Así que, los que recibieron su palabra fueron bautizados; y se añadieron aquel día como tres mil personas. Y perseveraban en la doctrina de los apóstoles, en la comunión unos con otros, en el partimiento del pan y en las oraciones. (Hechos 2:41,42)

Una vez que Jesús ascendió de regreso al cielo, la Iglesia fue instituida por medio de reuniones locales con el propósito de madurar y equipar a los creyentes en su nueva vida.

En el versículo anterior encontramos algunos elementos principales de los cuales consistían estas reuniones: la instrucción de parte de los apóstoles; el compañerismo con otros creyentes; el partimiento del pan, la práctica de la cena del Señor y de la oración.

Como puedes ver, la iglesia es un lugar primordial para tu madurez en tu nueva identidad. Ora al Padre por dirección al encontrar una iglesia donde se predique la Palabra de Dios y a Jesucristo como Señor y Salvador. En la iglesia correcta encontrarás las mismas características de la iglesia mencionada en Hechos 2:42:

- Enseñanza de la Palabra de Dios, incluyendo el mensaje de salvación por medio de la obra redentora de Jesucristo
- Compañerismo fraternal
- Partimiento del pan para compañerismo y en memoria del sacrificio que Jesús hizo por nosotros, así como para recordar Su segunda venida
- Practicas y enseñanzas acerca de la oración

UN PASTOR –EL DON DE JESÚS PARA TI

Y os daré pastores según mi corazón, que os apacienten [alimenten] con ciencia y con inteligencia. (Jeremías 3:15)

Tal como en una familia hay un líder (el padre por lo general), en la familia de la iglesia, Dios ha provisto un padre espiritual o pastor que se encargará de alimentarte con la Palabra de Dios y de guiarte en tu caminar cristiano por medio de exhortación, instrucción y corrección (2 Timoteo 3:16).

Y pondré sobre ellas pastores que las apacienten; y no temerán más, ni se amedrentarán, ni serán menoscabadas, dice Jehová. (Jeremías 23:4)

Al ser parte de una iglesia local y al tener un pastor en tu vida, podrás recibir los beneficios listados en el versículo anterior. Serás alimentado bíblicamente para tu crecimiento y madurez, y como resultado, vivirás libre de temor, libre de fracaso y libre de escasez.

TU FUNCIÓN EN LA IGLESIA LOCAL

Y él mismo constituyó a unos, apóstoles; a otros, profetas; a otros, evangelistas; a otros, pastores y maestros, a fin de perfeccionar a los santos para la obra del ministerio, para la edificación del cuerpo de Cristo, hasta que todos lleguemos a la unidad de la fe y del conocimiento del Hijo de Dios, a un varón perfecto, a la medida de la estatura de la plenitud de Cristo; para que ya no seamos niños fluctuantes, llevados por doquiera de todo viento de doctrina, por estratagema de hombres que para engañar emplean con astucia las artimañas del error, sino que siguiendo la verdad en amor, crezcamos en todo en aquel que es la cabeza, esto es, Cristo, de quien todo el cuerpo, bien concertado y unido entre sí por todas las coyunturas que se ayudan mutuamente, según la actividad propia de cada miembro, recibe su crecimiento para ir edificándose en amor. (Efesios 4:11-16)

Recuerda que Dios ha instituido la iglesia local como un lugar donde serás parte de una familia con la misma fe, en la que podrás desarrollarte en la persona que Él te destino a ser.

En esta familia de fe, además de recibir alimentación y protección, podrás ser madurado y entrenado en tu llamado de ser conforme a la imagen del Hijo.

Proporcionándote también, una perfecta oportunidad para llevar a cabo el ministerio de Jesús en tus alrededores, cumpliendo con la ordenanza de Gálatas 6:10, que dice que seamos una bendición principalmente a la familia de fe.

Y considerémonos unos a otros para estimularnos al amor y a las buenas obras; no dejando de congregarnos, como algunos tienen por costumbre, sino exhortándonos; y tanto más, cuanto veis que aquel día se acerca. (Hebreos 10:24,25)

Una vez integrado en una iglesia local, sé fiel con tu asistencia, sé obediente al pastor y a las enseñanzas de la Palabra al poner por obra lo aprendido.

Involúcrate en los servicios por medio de tu asistencia, tiempo, recursos financieros y una buena actitud. Participa en las diferentes funciones que se lleven a cabo, esto te ayudará a familiarizarte más rápido con tu nueva familia. Sé sensible y paciente al aprender acerca de la organización de la iglesia.

No permitas que cosas insignificantes como incomodidad, falta de conocimiento, ideas preconcebidas, o mal entendidos, te impidan el seguir asistiendo; o aun peor, creen una ofensa en tu vida en contra de la iglesia. ¡Recuerda que malas experiencias pueden suceder hasta en las mejores familias! La iglesia local no es más que una familia de creyentes, cada uno con diferentes niveles de madurez, creciendo en su nueva identidad, y destinados a ser, como familia, una iglesia gloriosa.

CONCLUSIÓN

Por lo cual asimismo oramos siempre por vosotros, para que nuestro Dios os tenga por dignos de su llamamiento, y cumpla todo propósito de bondad y toda obra de fe con su poder, para que el nombre de nuestro Señor Jesucristo sea glorificado en vosotros, y vosotros en él, por la gracia de nuestro Dios y del Señor Jesucristo. (2 Tesalonicenses 1:11)

Qué emocionante vida te espera por delante, afirmándote en tu nueva identidad como hijo de Dios —conociendo los beneficios de tu redención, creciendo en el amor y comunión del Padre, renovando tu mente con la Palabra de Dios, echando mano de la herencia que te pertenece y cumpliendo el propósito de tu vida.

No te desanimes, ni te desalientes cuando las circunstancias se ponen difíciles o no suceden como lo esperabas. Utiliza las herramientas de fe que el Padre te ha dado y deja que Él se manifieste grandemente en tu vida.

Tú eres un hijo de Dios, mi oración es que vivas como tal. Que tu vida sea un testimonio del maravilloso amor del Padre y de lo que Jesucristo obtuvo para ti cuando llegó a ser el Señor de señores y Rey de reyes.

PREGUNTAS DE REPASO

¿Cuáles son las características de una iglesia bíblica de acuerdo a Hechos 2:41,42?

¿Cuál es el llamado de Dios en tu vida de acuerdo a Romanos 8:29,30?

Menciona siete funciones con las que puedes continuar el ministerio de Jesús aquí en la tierra.

Menciona algunas promesas de Dios al tener un pastor en tu vida.

¿Cuál es tu función en la iglesia local?

Describe cómo ha cambiado tu identidad después de haber leído este libro.

EN ESTO PENSAD. . .

Por lo demás, hermanos, todo lo que es verdadero, todo lo honesto, todo lo justo, todo lo puro, todo lo amable, todo lo que es de buen nombre; si hay virtud alguna, si algo digno de alabanza, *en esto pensad*. (Filipenses 4:8)

Los siguientes son algunos versículos bíblicos que te ayudarán a renovar tu mente. Cuando trates con alguna de las situaciones mencionadas, toma control de cualquier pensamiento contrario a la Palabra, al confesar y meditar en lo que el Padre ha declarado y prometido para tu vida.

Mientras más practiques el confesar y meditar las Escrituras, te darás cuenta que eventualmente tus pensamientos se alinearán con los pensamientos del Padre en Su Palabra, lo cual te facilitará vivir y gozarte en tu nueva identidad. Por último, ten en mente que el proceso de renovar tu mente es una tarea diaria y un proceso de por vida.

LO QUE DICE LA PALABRA DE DIOS ACERCA DE. . .

- **Mi Salvación**

  Porque de tal manera amó Dios al mundo, que ha dado a su Hijo unigénito, para que todo aquel que en él cree, no se pierda, mas tenga vida eterna. Porque no envió Dios a su Hijo al mundo para condenar al mundo, sino para que el mundo sea salvo por él. (Juan 3:16,17)

  Porque por gracia sois salvos por medio de la fe; y esto no de vosotros, pues es don de Dios; no por obras, para que nadie se gloríe. (Efesios 2:8,9)

Que si confesares con tu boca que Jesús es el Señor, y creyeres en tu corazón que Dios le levantó de los muertos, serás salvo. Porque con el corazón se cree para justicia, pero con la boca se confiesa para salvación. (Romanos 10:9,10)

Mas a todos los que le recibieron, a los que creen en su nombre, les dio potestad de ser hechos hijos de Dios. (Juan 1:12)

Nos salvó, no por obras de justicia que nosotros hubiéramos hecho, sino por su misericordia, por el lavamiento de la regeneración y por la renovación en el Espíritu Santo. (Tito 3:5)

- El Perdón de Mis pecados

De modo que si alguno está en Cristo, nueva criatura es; las cosas viejas pasaron; he aquí todas son hechas nuevas. (2 Corintios 5:17)

Si confesamos nuestros pecados, él es fiel y justo para perdonar nuestros pecados, y limpiarnos de toda maldad. (1 Juan 1:9)

De éste dan testimonio todos los profetas, que todos los que en él creyeren, recibirán perdón de pecados por su nombre. (Hechos 10:43)

En quien tenemos redención por su sangre, el perdón de pecados. (Colosenses 1:14)

Él es quien perdona todas tus iniquidades, El que sana todas tus dolencias. (Salmo 103:3)

- Mi Futuro

Porque yo sé los pensamientos que tengo acerca de vosotros, dice Jehová, pensamientos de paz, y no de mal, para daros el fin que esperáis. (Jeremías 29:11)

Nunca se apartará de tu boca este libro de la ley, sino que de día y de noche meditarás en él, para que guardes y hagas conforme a todo lo que en él está escrito; porque entonces harás prosperar tu camino, y todo te saldrá bien. (Josué 1:8)

Fíate de Jehová de todo tu corazón, Y no te apoyes en tu propia prudencia. Reconócelo en todos tus caminos, Y él enderezará tus veredas. (Proverbios 3:5,6)

Mas la senda de los justos es como la luz de la aurora, Que va en aumento hasta que el día es perfecto. (Proverbios 4:18)

Te abrirá Jehová su buen tesoro, el cielo, para enviar la lluvia a tu tierra en su tiempo, y para bendecir toda obra de tus manos. Y prestarás a muchas naciones, y tú no pedirás prestado. (Deuteronomio 28:12)

- **Mi Salud**

Amado, yo deseo que tú seas prosperado en todas las cosas, y que tengas salud, así como prospera tu alma. (3 Juan 2)

Ciertamente llevó él nuestras enfermedades, y sufrió nuestros dolores; y nosotros le tuvimos por azotado, por herido de Dios y abatido. Mas él herido fue por nuestras rebeliones, molido por nuestros pecados; el castigo de nuestra paz fue sobre él, y por su llaga fuimos nosotros curados. (Isaías 53:4,5)

Él es quien perdona todas tus iniquidades, El que sana todas tus dolencias. (Salmo 103:3)

Envió su palabra, y los sanó, Y los libró de su ruina. (Salmo 107:20)

¿Está alguno enfermo entre vosotros? Llame a los ancianos de la iglesia, y oren por él, ungiéndole con aceite en el nombre del Señor. Y la oración de fe salvará al enfermo, y el Señor lo levantará; y si hubiere cometido pecados, le serán perdonados. (Santiago 5:14,15)

- **Mi Paz Mental**

Tú guardarás en completa paz a aquel cuyo pensamiento en ti persevera; porque en ti ha confiado. (Isaías 26:3)

Por nada estéis afanosos, sino sean conocidas vuestras peticiones delante de Dios en toda oración y ruego, con acción de gracias. Y la paz de Dios, que sobrepasa todo entendimiento, guardará vuestros corazones y vuestros pensamientos en Cristo Jesús. (Filipenses 4:6,7)

Y la paz de Dios gobierne en vuestros corazones, a la que asimismo fuisteis llamados en un solo cuerpo; y sed agradecidos. (Colosenses 3:15)

Porque no nos ha dado Dios espíritu de cobardía, sino de poder, de amor y de dominio propio. (2 Timoteo 1:7)

En el amor no hay temor, sino que el perfecto amor echa fuera el temor; porque el temor lleva en sí castigo. De donde el que teme, no ha sido perfeccionado en el amor. (1 Juan 4:18)

- **Mis Finanzas**

Sino acuérdate de Jehová tu Dios, porque él te da el poder para hacer las riquezas, a fin de confirmar su pacto que juró a tus padres, como en este día. (Deuteronomio 8:18)

Honra a Jehová con tus bienes, Y con las primicias de todos tus frutos; Y serán llenos tus graneros con abundancia, Y tus lagares rebosarán de mosto. (Proverbios 3:9,10)

Amado, yo deseo que tú seas prosperado en todas las cosas, y que tengas salud, así como prospera tu alma. (3 Juan 2)

Pero esto digo: El que siembra escasamente, también segará escasamente; y el que siembra generosamente, generosamente también segará. Cada uno dé como propuso en su corazón: no con tristeza, ni por necesidad, porque Dios ama al dador alegre. Y poderoso es Dios para hacer que abunde en vosotros toda gracia, a fin de que, teniendo siempre en todas las cosas todo lo suficiente, abundéis para toda buena obra; para que estéis enriquecidos en todo para toda liberalidad, la cual produce por medio de nosotros acción de gracias a Dios. (2 Corintios 9:6-8,11)

Jehová es mi pastor; nada me faltará. (Salmo 23:1)

- Mi Oración

Y todo lo que pidiereis al Padre en mi nombre, lo haré, para que el Padre sea glorificado en el Hijo. Si algo pidiereis en mi nombre, yo lo haré. (Juan 14:13,14)

Si permanecéis en mí, y mis palabras permanecen en vosotros, pedid todo lo que queréis, y os será hecho. (Juan 15:7)

Por nada estéis afanosos, sino sean conocidas vuestras peticiones delante de Dios en toda oración y ruego, con acción de gracias. (Filipenses 4:6)

Jehová está lejos de los impíos; Pero él oye la oración de los justos. (Proverbios 15:29)

Amados, si nuestro corazón no nos reprende, confianza tenemos en Dios; y cualquiera cosa que pidiéremos la recibiremos de él, porque guardamos sus mandamientos, y hacemos las cosas que son agradables delante de él. (1 Juan 3:21,22)

- Mis Palabras

La muerte y la vida están en poder de la lengua, Y el que la ama comerá de sus frutos. (Proverbios 18:21)

Sea vuestra palabra siempre con gracia, sazonada con sal, para que sepáis cómo debéis responder a cada uno. (Colosenses 4:6)

La blanda respuesta quita la ira; Mas la palabra áspera hace subir el furor. (Proverbios 15:1)

Si alguno habla, hable conforme a las palabras de Dios; si alguno ministra, ministre conforme al poder que Dios da, para que en todo sea Dios glorificado por Jesucristo, a quien pertenecen la gloria y el imperio por los siglos de los siglos. Amén. (1 Pedro 4:11)

Por lo cual, desechando la mentira, hablad verdad cada uno con su prójimo; porque somos miembros los unos de los otros. (Efesios 4:25)

- Mi Protección

Torre fuerte es el nombre de Jehová; A él correrá el justo, y será levantado. (Proverbios 18:10)

Porque has puesto a Jehová, que es mi esperanza, Al Altísimo por tu habitación, No te sobrevendrá mal, Ni plaga tocará tu morada. Pues a sus ángeles mandará acerca de ti, Que te guarden en todos tus caminos. (Salmos 91:9-11)

El ángel de Jehová acampa alrededor de los que le temen, Y los defiende. (Salmos 34:7)

Y mi pueblo habitará en morada de paz, en habitaciones seguras, y en recreos de reposo. (Isaías 32:18)

Con justicia serás adornada; estarás lejos de opresión, porque no temerás, y de temor, porque no se acercará a ti. Ninguna arma forjada contra ti prosperará, y condenarás toda lengua que se levante contra ti en juicio. Esta es la herencia de los siervos de Jehová, y su salvación de mí vendrá, dijo Jehová. (Isaías 54:14,17)

Recibe a Jesucristo
como el Señor y Salvador de tu vida

La Biblia dice, *"Que si confesares con tu boca que Jesús es el Señor, y creyeres en tu corazón que Dios le levantó de los muertos, serás salvo. Porque con el corazón se cree para justicia, pero con la boca se confiesa para salvación"* (Romanos 10:9,10).

Para recibir a Jesucristo como tu Señor y Salvador, ora creyendo con tu corazón y confesando con tu boca una oración como esta:

"Señor Jesús,
Yo creo que viniste a la tierra, que moriste en la cruz por mí, y que resucitaste al tercer día. Gracias por amarme y darme la oportunidad de una nueva vida en Ti. En este día, yo Te confieso como el Señor y Salvador de mi vida. ¡Y Te doy gracias de que ahora soy salvo! Amén".

¡Felicidades y bienvenido a la familia de Dios! Hoy has nacido de nuevo y llegado a ser un hijo de Dios. Recuerda esta fecha tan especial y adelante en tu nuevo caminar en Cristo.

10831582R00066

Made in the USA
Monee, IL
02 September 2019